たのしい音声学

竹内京子
木村琢也
著

岩松奈央子
イラスト

くろしお出版

はじめに

　この本を手に取った方の中には音声学を勉強する必要に迫られている人もいれば、そもそも「音声学」って何？と思う人もいらっしゃるかもしれません。なんとなく音に興味があった、外国語の発音や聞き取りがよくなるかもしれないと思った、学校で授業があるから、イラストがかわいくておもわず買ってしまった、など音声学の本を手に取る理由はさまざまでしょう。

　私たちは、どんな理由にしろこの本を通して出会えた皆さんにたのしく音声の世界を知ってもらえるようにいろいろと考えました。製作にあたって、私の「音声学」や「音響学」の授業を受けてくれた言語聴覚士養成校や大学の学生の要望や意見を沢山盛り込みました。まず、著者自身が学生のころ、こんなふうにしたらもっとたのしく「音声」で遊べただろうに…と思うことを考え、授業で学生にもきいてみる。そんな作業を何度も繰り返して完成したのがこの本です。イラストレーターや音楽の録音をお願いしたギタリストの方とも一緒に、いろいろと音で遊べる世界を創りました。

　学問としての音声学を学ぶというよりは、いろいろな実験をしていくうちに、気がついたら「音声学」が趣味になってしまうような本を目指しました。音声はわたしたちの日常生活でとても重要な働きをしています。でも、まだ解明されていないことがたくさんある不思議な存在でもあります。みなさんが、現在すでに知られている一般知識を得て、学校の試験や言語聴覚士の国家試験に合格するだけでなく、音声という未知の世界をのぞいてみるきっかけにもなれば嬉しいと思っています。

　音声学はわたしたちの身近な様々な分野と関わりがあり、いろいろなところで応用されています。きっと、みなさんの興味のある分野ともつながりがあると思います。そして、それを知ることによって今までと違った世界の見方ができると思います。この本をきっかけに、みなさんがわたしたちと一緒に音声学をたのしむ仲間のひとりとなってくれることを期待しています。

著者を代表して　竹内京子

目　次

はじめに	3
この本の構成	8

第1章　ガイダンス ······ 9
1. はじめに ······ 9
2. 準備するもの ······ 9
3. パソコンの使い方 ······ 9

第2章　音声学とは？ ······ 11
1. 音声学とは？ ······ 11
2. 人間の音声を扱う2つの分野 ······ 12
3. 音声学に含まれる分野 ······ 15
   復習テスト ······ 16

第3章　発声のしくみ ······ 19
1. 呼吸のしくみ ······ 19
2. 音声はどうやって出るの？ ······ 24
3. 声を作り出すモデル ······ 27
4. 肺からの空気を使わない声 ······ 32
5. 声帯がなくても声は出る ······ 32
   復習テスト ······ 33

第4章　発音記号を覚えよう　その1 ······ 35
1. IPA（国際音声記号）って？ ······ 35
2. 母音と子音の違い ······ 37
3. 母音 ······ 37
4. 子音 ······ 44
   復習テスト ······ 48

第5章　発音記号を覚えよう　その2 ······ 51
1. 破裂音（閉鎖音） ······ 51
2. 摩擦音 ······ 56
   復習テスト ······ 62

第6章　発音記号を覚えよう　その3 ······ 65
1. 破擦音 ······ 65
2. 鼻音 ······ 68

3.	はじき音 ………………………………………………………………	71
4.	側面接近音 ………………………………………………………………	71
5.	接近音 …………………………………………………………………	74
6.	50音図の発音記号を見てみよう ………………………………………	76
7.	撥音と促音 ……………………………………………………………	79
	復習テスト ………………………………………………………………	81

第7章　音を目で見てみよう …………………………………………………… 87
1. 音声を見る？ ……………………………………………………………… 87
2. 音響分析入門 ……………………………………………………………… 87
3. WaveSurfer の使い方 …………………………………………………… 88
   復習テスト ………………………………………………………………… 99

第8章　母音を見てみよう　その1 ………………………………………… 101
1. 音と波の話 ………………………………………………………………… 101
2. 音声波形を見てみよう …………………………………………………… 104
   復習テスト ………………………………………………………………… 108

第9章　母音を見てみよう　その2 ………………………………………… 111
1. サウンドスペクトログラム ……………………………………………… 111
2. フォルマント周波数って？ ……………………………………………… 112
3. 狭帯域分析・広帯域分析をしてみよう ………………………………… 116
   復習テスト ………………………………………………………………… 117

第10章　子音を見てみよう　その1 ………………………………………… 119
1. 発音記号の復習 …………………………………………………………… 119
2. パラトグラムを見てみよう ……………………………………………… 120
3. 声帯の動いている様子を観察しよう …………………………………… 122
   復習テスト ………………………………………………………………… 123

第11章　子音を見てみよう　その2 ………………………………………… 125
1. 破裂音の特徴 ……………………………………………………………… 125
2. 破裂音の不思議1（VOT）……………………………………………… 129
3. 破裂音の不思議2（ローカス）………………………………………… 130
   復習テスト ………………………………………………………………… 131

第12章　子音を見てみよう　その3 ………………………………………… 133
1. 摩擦音の特徴 ……………………………………………………………… 133
   復習テスト ………………………………………………………………… 135

第 13 章　子音を見てみよう　その 4 ……………………………… 137
　1．鼻音の特徴 ……………………………………………… 137
　2．その他の音も見てみよう ……………………………… 139
　復習テスト ………………………………………………… 141

第 14 章　分節ラベリング ……………………………………… 143
　1．分節ラベリング ………………………………………… 143
　2．ラベルファイルを見てみよう ………………………… 145
　3．もう少し長い文の分節ラベリング …………………… 148
　復習テスト ………………………………………………… 149

第 15 章　様々な音声現象 ……………………………………… 151
　1．長音 ……………………………………………………… 151
　2．無声化 …………………………………………………… 152
　3．口蓋化（硬口蓋化） …………………………………… 154
　4．軟口蓋化 ………………………………………………… 155
　5．円唇化 …………………………………………………… 156
　6．鼻音化 …………………………………………………… 157
　7．二重母音・連母音 ……………………………………… 158
　8．ガ行鼻濁音 ……………………………………………… 159
　復習テスト ………………………………………………… 159

第 16 章　音素 …………………………………………………… 163
　1．音素とは？ ……………………………………………… 163
　2．異音 ……………………………………………………… 164
　3．音素の体系 ……………………………………………… 167
　復習テスト ………………………………………………… 169

第 17 章　音節・モーラ ………………………………………… 173
　1．音節 ……………………………………………………… 173
　2．音節構造 ………………………………………………… 176
　3．モーラ（拍） …………………………………………… 177
　4．リズム …………………………………………………… 180
　復習テスト ………………………………………………… 182

第 18 章　アクセント …………………………………………… 185
　1．アクセント ……………………………………………… 185
　2．共通語のアクセント規則 ……………………………… 187
　3．複合名詞のアクセント ………………………………… 192

4.　特殊拍とアクセント ………………………………………………… 193
　　　5.　動詞や形容詞のアクセント ………………………………………… 195
　　復習テスト …………………………………………………………………… 199

第 19 章　イントネーション・強調 …………………………………………… 203
　　　1.　イントネーションとは？ …………………………………………… 203
　　　2.　ポーズとフィラー …………………………………………………… 208
　　　3.　文構造を表すイントネーション …………………………………… 209
　　　4.　強調（プロミネンス・卓立）……………………………………… 211
　　復習テスト …………………………………………………………………… 212

第 20 章　聴こえのしくみ　その 1 …………………………………………… 215
　　　1.　聴音器官の解剖 ……………………………………………………… 215
　　　2.　可聴範囲 ……………………………………………………………… 218
　　　3.　難聴の体験 …………………………………………………………… 219
　　　4.　音の大きさ（ラウドネス）………………………………………… 220
　　復習テスト …………………………………………………………………… 222

第 21 章　聴こえのしくみ　その 2 …………………………………………… 223
　　　1.　様々な聴覚現象 ……………………………………………………… 223
　　　2.　骨伝導 ………………………………………………………………… 224
　　　3.　マスキング …………………………………………………………… 225
　　復習テスト …………………………………………………………………… 226

第 22 章　障害音声の記述・分析 ……………………………………………… 227
　　　1.　言語の臨床と音声学 ………………………………………………… 227
　　　2.　臨床音声表記 ………………………………………………………… 228
　　　3.　臨床音声表記の例を見てみよう …………………………………… 229
　　復習テスト …………………………………………………………………… 231

第 23 章　言語音声の発達 ……………………………………………………… 233
　　　1.　言語音の知覚の発達 ………………………………………………… 233
　　　2.　言語音の知覚の変化 ………………………………………………… 233
　　　3.　言語音の生成の変化 ………………………………………………… 237
　　　4.　構音 / 音韻発達と音韻意識 ………………………………………… 242
　　復習テスト …………………………………………………………………… 244

解答 …………………………………………………………………………… 248
索引 …………………………………………………………………………… 256

この本の構成

『たのしい音声学』は、本書とサポートサイト（付属音声、副教材）で構成され、各章の主な項目は、以下のようになっています。

実験　この本では、読者（学習者）がまず、自分で考えてみるということを大切にしています。それぞれの実験を通して、音や音声について考えてみましょう。教室の授業であれば、友達と話し合いながら進めるとより楽しく学べます。実験の内容について、ひよことカタツムリの会話があります。実験で、自分で考えたことと比較してみましょう。

クイズ　章の途中で、理解しておいたほうがいい内容がクイズとなっています。

発音記号チェック　この本の目標のひとつは「簡単な発音記号が書けるようになること」です。何度も練習してすらすら書けるようになりましょう。

復習テスト　5問の2択の問題です。その章のポイントが理解できたかどうかをチェックしましょう。

まとめ　各章で学んだことを短い文章にしてあります。全体がつかめたかどうかを確認するとともに、太字の用語や表現は覚えておきましょう。

ちょっと国試に挑戦　「言語聴覚士国家試験」の過去問です。各章で学んだことが本当に理解できているか、応用問題にも挑戦しましょう。

各問題の解答は巻末にあります。
🎧　は音声ファイルがサポートサイトにあります。
聞きながら本文を読みましょう。
サポートサイトには、各実験のワークシートなどの副教材、本文にあるサイトのリンクなどがあります。活用して下さい。

www.9640.jp/onsei/

第1章 ガイダンス

> **この章で学ぶこと**
> ・はじめに
> ・準備するもの
> ・パソコンの使い方

1. はじめに

　この本の目的は、音声学の基礎知識を学び、実際にその知識が使えるようになることです。音声のおもしろさを知って、外国語の学習に役立てたり、将来、臨床でその技と知識を使ってくれたりすると嬉しいです。

　毎回、基本的な内容の解説があって、それに関する実習があります。

2. 準備するもの

・マイク付きヘッドホン

・はさみ・のり（作業で使います）

・WaveSurfer という音声分析ソフト
　　　　（第7章で説明します）

・単語カード（発音記号暗記用）

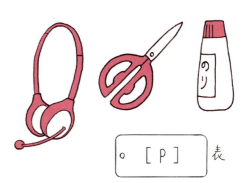

3. パソコンの使い方

　この本では課題をやるために、音声分析ソフト WaveSurfer を使うなど、パソコンをよく使います。

　パソコンの基本的な操作が初めての人は第7章にはいるまでに慣れておきましょう。

特に、Word などのワープロソフトの使い方、テキストの入力、コピー・ペーストはできるようにしておいてください。

　　　　は、この本のウェブサイトに音声があります。聞きながら読んでください。

この本の登場動物

かたつむり（先生）
名前：ツムリーニ
性格：実直まじめ
将来の夢：音声学の普及？世界平和を守る正義の味方？
好きな食べ物：カッパ巻き、きゅうりの漬物
特技：二回転半チョップ、ギター
その他：助手は耳小骨三兄弟（パーカッション担当）

ひよこ（生徒）
名前：ぴーちゃん
性格：おっとり。でも、いつも元気！
将来の夢：インコになること
好きな食べ物：コーンフレーク、ひよこ豆のスープ
特技：歌をうたうこと。毎日練習している。十八番はフラメンコの「カラコレス」
その他：勉強は嫌いだけど、楽しいことは大好き。

うさぎ（ひよこのあこがれの言語聴覚士　ときどき登場）
名前：月子さん
性格：明るく、誰にでも笑顔！でも、時々は落ち込むことも
将来の夢：一人前のＳＴ（言語聴覚士）になること
好きな食べ物：にんじんサラダ、アップルパイ
特技：走ること！跳ぶこと！ダンスをすること！
　　　特にフラメンコ。
その他：なぜかタンポポ好き。月夜の晩は踊り明かす。

第 2 章

音声学とは？

この章で学ぶこと
・音声とは？
・人間の音声を扱う 2 つの分野
・音声学に含まれる分野

1. 音声とは？

👧 はじめまして！これから音声学を楽しく勉強していこう！

🐥 よろしくね。

👧 こちらこそよろしく！ところで、そもそも音声学ってなんだろう？

🐥 音声学っていうから普通、音声に関係ある学問？

👧 じゃあ、「音声」って？

🐥 えっと…

👧 では、まずは身近なところから。
みんなのまわりには毎日絶えずいろいろな音(おと)が聞こえるよね。
街の雑踏、自動車の音、工場の機械の音とか。雨の音や鳥の声が聞こえることもある。
おっと、もちろん人の話し声も聞こえるよね。

🐥 うん。

👧 そういういろんな音の中で、人がことばによるコミュニケーションのために使う音を
音声(おんせい)というんだ。
でも人がコミュニケーションに使う音は他にもあるよね。

🐥 う〜ん、ノックの音とか拍手とかも？
そうそう、口笛なんかもそう？

👧 うん。でも、そういう音は音声とはいわないよ。覚えとこう。
では、人が音声を使って誰か相手とコミュニケーションをとろうと思うとき、
どんなことが起こっているかな？
じゃあ、まずは、一般的なモデルを紹介するね。

> **ポイント**

以下の5つのステップがあるって言われてるよ。

① まず、話し手の頭の中に「聞き手に伝えたいこと」が浮ぶ。
　次に、話し手は頭の中で単語を探し、文を作る。
② 話し手は、音声を出すための筋肉を動かし、「伝えたい文」を発する。
③ 空気という媒体（音を伝えるもの）を通ってその音が伝わる。
④ 聞き手の耳の鼓膜に音声が伝わり、それが電気信号となって耳の神経を通って脳に達する。
ここの②〜④の部分を扱うのが音声学だ！
⑤ 聞き手がその音声の内容を理解する。

2. 人間の音声を扱う2つの分野

ところで、人間の音声を扱う学問は、音声学以外にもうひとつある。

まだあるの〜？

音声学とは似てるように見えるけど、音声の観察の方法がちょっと違うんだ。
それについても紹介するね。

> **実験1　どんな音がいくつ聞こえる？**　
>
> 日本語で「い〜」と言いながら、そのままあごを下げて口を大きく開けていってみよう。
> 途中でどんな音が聞こえるかな？

みんなの大部分は、「い」→「え」→「あ」と3つの音が聞こえたよね。違う？

うん。そう聞こえた。
でも、なんで？ちょっと不思議かも。

👨 それはなぜかというと、みんなが日本語という言語を普段使っているからなんだ。
　もし、君が普段、母語として、たとえばフランス語を使っていたら4つに聞こえたはず。

👧 へ〜。

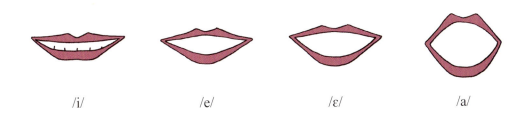

👨 もし、アラビア語が母語だったら、たった2つの音に聞こえたと思うよ。

👨 君は少しずつ、ひとつづきに変わっていく音を、知らず知らずのうちに日本語で使う3種類に分けてた。つまり、「い」「え」「あ」のグループに分けているんだ。

👧 そんなの気にしてないけどね。

👨 まあね。
　日本語では「い」「え」「あ」はそれぞれ別の役割を持つんだ。「い」の代わりに「え」や「あ」を使うと違った語になってしまうよね。

👧 どういうこと？

👨 例えば、「いき」と「えき」と「あき」って日本語では意味が違うよね。

👧 あたり前じゃん。普段そんなこと意識してないよう。

👨 それは日本語が君の母語だからだよ。母語にどんな音の区別があるかなんて、

ふつうだれも意識しない。

👹 へ〜、ことばって不思議だね。

👾 うん。
　外国語だったら知らない音もあるのが当たり前だよね。
　だから、いつもどんな音があるかとっても気になるよね。

👹 ていうか、大変だなって思う。

👾 でも、なんで母語で意識せずにできるかってことはまだよくわかっていない。
　おもしろい！って思った人は調べてみて。
　世界的大発見があるかもよ。
　で、こんなふうに「その言語において区別しないで使われる音声の集合」をひとつの**音素**と呼ぶ。
　専門用語だけど覚えておいてね。

👹 とりあえず、了解！

👾 あとでもっとくわしく出てくるから。とりあえず、名前だけは覚えとこ。
　あと、これから**音声は[　]に入れて表すけど、音素は／　／に入れて書くので**
　ちょっと気にしといてね。

👹 あっ！英語の辞書で両方見たことある。同じじゃなかったんだね。
　でも、ちょっとわかりにくいかも。

👾 それじゃあ、次の実験をしてみよう。

実験２　日本語で「あ」と言ってみよう。　🎧 02-02

次に何人かの人に同じように「あ」と言ってもらおう。
声質も違うし、声の高さ、強さも違うのになぜ「あ」と聞こえるのかな？
考えてみよう！

👾 日本語が母語の人が「あ」のグループ（つまり音素だよね）に入る音声を言って、
　別の日本語が母語の人が聞けば、どんな人が言っても「あ」に聞こえる。
　これは「あ」であって、「い」や「え」ではないってことがわかるんだ。
　そんなの当たり前って言わないで…

👹 違うの？

👾 こんなふうに「音声から言葉で使われる機能だけを取り出して研究する分野」を
　音韻論っていう。それぞれの人の音声は、物理的な面ではとっても違う「あ」だけど、
　言葉を暗号として解読するには、その違いはあまり関係ない。

👹 つまり、みんな同じ「あ」と聞いてもらえる音の微妙な違いは無視しちゃうってこと？

👾 そう、そう。
　反対に、やっぱり言葉としての機能は同じで、「あ」というグループに入るといっても、
　本当は、みんな違った音声だから、くわしく調べてみようと考える分野が**音声学**だよ。

🐷 へ〜。

👿 なにげなく聞いた「あ」だけど、人それぞれみんなすっごく違っていると思った君もいるはず。

🐷 うん。思った！

👿 それに、自分でさっきとまったく同じ「あ」をもう一回言おうとしても絶対言えないよね。

🐷 無理、無理。

👿 厳密に見れば必ずどこかが違ってきてしまう。
　こんなふうに音声学は少しでも違う音声は別々の現象として考えるんだ。
　音声学と音韻論は同じ人間の音声を扱う分野だけど、
　考え方がとっても違う。
　言語学という学問が人間のことばの機能を扱うものだとすると、
　音声学は言語学の中に入らないという考え方さえある。

音声学は、
①人間のことばに使われる音声という素材を研究しているので**言語学に入る**という考え方
②音声の物理的側面のみを扱うので**言語学には入らない**という考え方
の2つがあるんだ。

🐷 そっか、言葉の意味とは関係ないってことね。
でも、そう言われればそうなんだけど、
なんか関係ありそうな気もするしぃ…

👿 するどい！本当のところはそうなんだ。
　ま、これについてはおいおい考えてこうね。

3. 音声学に含まれる分野

👿 ところで、音声学は主に扱う内容によっていくつかの分野に分かれる。
　このテキストでは主に以下の3分野を扱ってるよ。
　次の章から順に見ていこうね。

　　調音音声学（ちょうおんおんせいがく）　12ページの②に当たる部分
　　　　人は音声を出す時に口の中のいろいろな部分を動かす。
　　　　それがどのようになっているかを調べて分類するよ。

　　音響音声学（おんきょうおんせいがく）　12ページの③に当たる部分
　　　　音声を物理現象として機械を通して見ると、ふだん気づかない現象が見える。
　　　　音声波形や声紋を見たりするんだ。

　　聴覚音声学（ちょうかくおんせいがく）　12ページの④に当たる部分
　　　　私たちが音声を聴く時にはいろいろなおもしろい現象が伴う。
　　　　それを扱うのがこの分野。

実験3　あいうえお発音大会

ちょっと実験！（おもしろいけど、結構難しい？）

日本語の「あ」「い」「う」「え」「お」は
どんな舌の位置、口の形をしているか考えてみよう。
母音を1つ選んでみて。友達にどんな指示をしたら、
指定した母音を発音してくれるかな？
口の大きさに合うお菓子を使って、どこを支えたら
説明なしに**目標の音**を発音してくれるか考えよう。
グループを作って対戦してみよう。
より多くの母音を相手に正しく出させたグループが優勝だよ。
それぞれ工夫した点、発音のポイントを評価シート（18ページ）にまとめてみよう。
17ページのヒントも見てね。

復習テスト

1. 人間がコミュニケーションに使う音をなんと言う？
　①音　②音声
2. ある言語で区別しないで使われる音声の集合をなんと言う？
　①音声　②音素
3. 音声の、言葉で使われる役割だけを扱う分野はどっち？
　①音声学　②音韻論
4. 音声学で、どのように音声を出しているかを記述する分野は？
　①調音音声学　②聴覚音声学
5. 日本語とフランス語の音素の数は？
　①同じ　②違う

まとめ

　人間の音声をあつかう分野は2つある。音声から言葉で使われる機能を取り出して研究する**音韻論**と個人間や個人内の違いを別々の物理現象として考える**音声学**である。
　音声学には音声の出し方を記述する**調音音声学**、音声の物理的側面を機械によって分析する**音響音声学**、人が音声をどのように聴いているかを研究する**聴覚音声学**がある。

▶実験3のためのヒント！

🗣 グループで話し合うときに使ってみてね。
　発音するための道具の名前を覚えよう！**調音器官**っていうよ。
　言語臨床や医学の分野では、**調音**のことを**構音**という。だから、**調音器官**も**構音器官**っていう。

これは人が横を向いたときの断面図だよ（矢状断面図っていうよ）。

① 上唇
② 上歯
③ 上歯茎
④ 硬口蓋
⑤ 軟口蓋
⑥ 口蓋垂
　口蓋帆（ページ下の図）
⑦ 下唇
⑧ 舌尖
⑨ 舌端
　⑧＋⑨ 舌先
⑩ 前舌
⑪ 後舌
⑫ 舌根
⑬ 喉頭蓋
⑭ 咽頭壁
⑮ 声帯
⑯ 喉頭
⑰ 気管
⑱ 肺

［あ］口腔
［い］鼻腔
［う］咽頭
［あ］＋［い］＋［う］ 声道

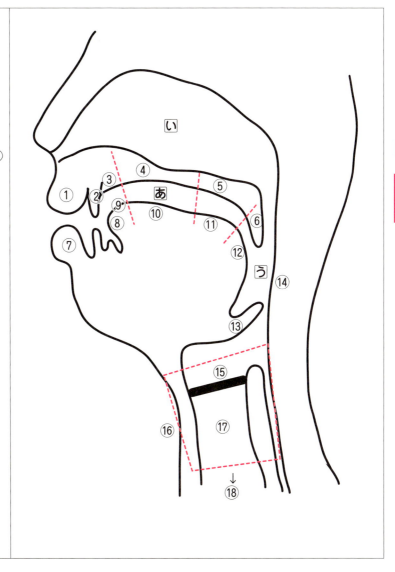

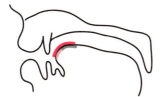

「舌尖・舌端・舌先の図」

「軟口蓋・口蓋垂・口蓋帆の図」

17

第2章　音声学とは？

あいうえお発音大会レシピ

グループ名＿＿＿＿＿　メンバーの名前＿＿＿＿＿＿＿＿＿＿＿＿＿＿

	工夫した点・実際のお菓子の配置	良かったところ・反省点
あ		
い		
う		
え		
お		

第 3 章

発声のしくみ

> **この章で学ぶこと**
> ・呼吸のしくみ
> ・音声はどうやって出るの？
> ・声を作り出すモデル
> ・肺からの空気を使わない声
> ・声帯がなくても声は出る

🧑 今回は、音声を学ぶ第一歩！ 声がどのように出るかについてだよ。
まとめてみるとこんな感じかな？

🔴 うっわ〜！なんか難しい学問！って感じ！ いきなり挫折。

🧑 じゃあ、ひとつずつみてこう。ところで、「おなかから声を出す」のは得意かな？

🔴 あっ！コーラスの練習でやらされたかも。あれでしょ？

🧑 うん、ではまずは、「声のもと」の作り方から。

1. 呼吸のしくみ

🧑 ぼくたちが声を出そうとするとき、ほとんどの場合、
肺からの空気が関係していることは想像できるよね。
というわけで、呼吸の方法についてちょっと見てみよう！

🗣 まずは下の図（ポイント）を見てね。
呼吸には2通りある。**胸式呼吸**と**腹式呼吸**。
両方とも胸郭（つまり肺の入っている肋骨のあたり）の容積を広げて空気を取り込み、
それをもとに戻すことによって息を出す。

💬 胸式呼吸と腹式呼吸の違いってなあに？

🗣 腹式呼吸は横隔膜を下に下げることによって
胸郭の容積を広げて、空気を吸う。
胸式呼吸は胸郭を横に広げるんだ。
えっ、胸郭の外側に硬い肋骨があるのにどうやって!!! と思うでしょ。
実は、肋骨と肋骨の間の筋肉を使って肋骨の角度を変えて容積を増やしているんだ。

💬 すごい！

ポイント

下の絵を参考に2種類の呼吸をまとめてみよう！

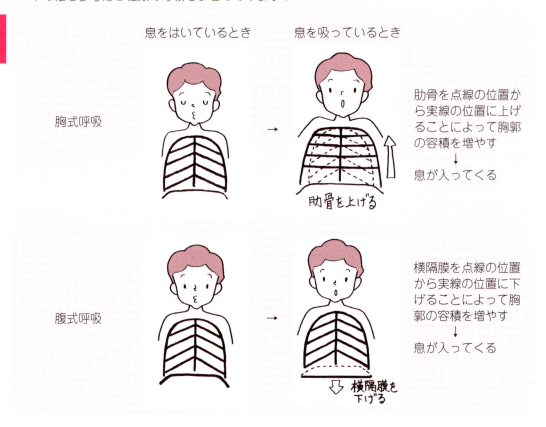

💬 本当に肋骨って動いてるの？

🗣 じゃあ、脇腹の肋骨をおさえながら、レントゲンの時みたいに「大きく息を吸って止めて！」

💬 あっ！動いてる！　胸式呼吸だ！！！　感激！

🗣 じゃあ、次は肺の模型を作って、呼吸を観察してみよう。

実験1　荒井式　肺の模型を作ろう！

今回はこんな肺の模型を作るよ。肋骨は上がらないので、「腹式呼吸モデル」だよ。
上智大学の荒井隆行先生が考えたんだ。次のページの図を見ながら作ってね。

【用意するもの】
・2Lのペットボトル（形がくずれにくいもの）
・軽い紙ねんど（色つきだとよりきれい！）
・輪ゴム2個
・Y字分岐1個（アラム　チューブコネクター PP　Y型　Y-3 を使用）
・風船　9インチ2個…どこのメーカーでも可
・風船　16インチ1個…できれば QUALATEX 製が幅広なのでよい
・ビニールテープまたはセロテープ

【作り方（次ページの図参照）】
　① 2Lのペットボトルを用意します。
　② ペットボトルは中心のくぼみより少し下で切り、上部だけを使います。
　　蓋は使いません。
　③ 切り口にビニールテープを巻きます。（あとで風船が破けないように）
　④ Y字分岐に9インチの風船を2個はめ、輪ゴムで止めます。
　⑤ Y字分岐を上に、風船を下にして、ペットボトルの口にはめます。
　　紙ねんどを使ってY字分岐をペットボトルの口に固定します。
　⑥ 16インチの風船の頭の部分をペットボトルの胴にはまる大きさぎりぎりに切ります。
　　はじめは、少し小さめに切って加減をみて適当な大きさになるようにします。
　⑦ 切った16インチの風船をペットボトルの胴にはめます。
　　はずれないようにビニールテープでとめます。

【使い方】
　・16インチの風船の口を手で軽く握り、9インチの風船はふくらんだ状態にします。
　・16インチの風船は軽く握るだけで、下にはひっぱらないようにします。
　・16インチの風船を上に押し込みます。
　・中の9インチの風船がちぢんで中の空気を押し出します。
　・ペットボトルの外に出たY字分岐の口からは空気が出ます。

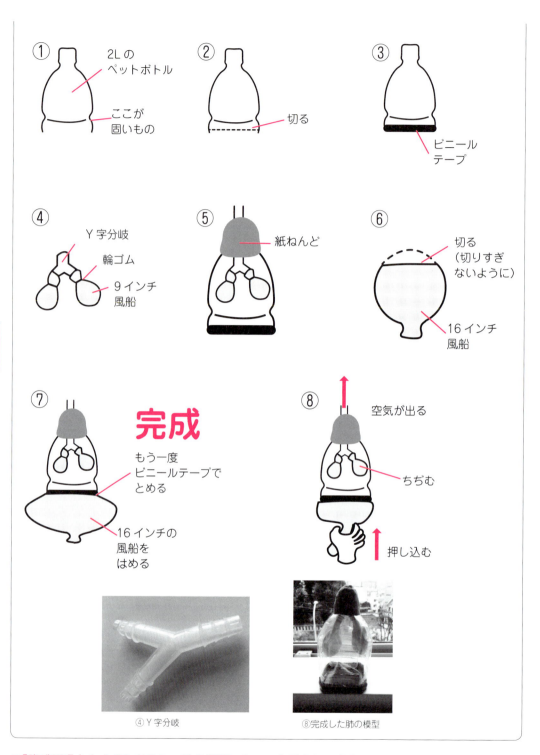

④ Y字分岐　　　⑧ 完成した肺の模型

- 「腹式呼吸」もよくわかるし、この模型、ちょっとかわいいかも。
- それはよかった。では、こんな次の図は記憶にあるかな？
- あっ、前にやった実験（第2章の実験3）のヒントにあったよね。
- うん。じゃあ、今度はもう少し本気で見てみよう。読み方もちゃんと見とこう。

▼ クイズ

調音器官の名前を当ててみよう

声を出すために使う器官（**調音器官**または**構音器官**という）の名前を右のリストの番号で書き込んでみよう。

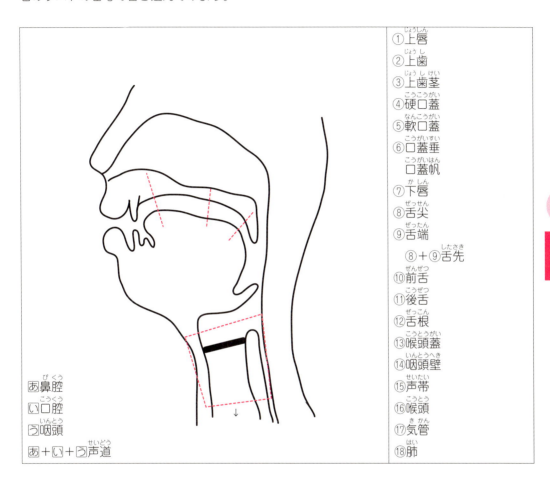

① 上唇
② 上歯
③ 上歯茎
④ 硬口蓋
⑤ 軟口蓋
⑥ 口蓋垂
　 口蓋帆
⑦ 下唇
⑧ 舌尖
⑨ 舌端
⑧＋⑨ 舌先
⑩ 前舌
⑪ 後舌
⑫ 舌根
⑬ 喉頭蓋
⑭ 咽頭壁
⑮ 声帯
⑯ 喉頭
⑰ 気管
⑱ 肺

あ 鼻腔
い 口腔
う 咽頭
あ＋い＋う 声道

👽 できたかな？
👹 もう半分は覚えちゃったもん。
👽 すごい！じゃ次は、「喉頭の解剖」を見よう。
👹 声帯があるところだよね。楽しみ！
👽 まずは、色鉛筆で、それぞれの器官を色分けしてみよう。

2. 音声はどうやって出るの？

喉頭の構造を覚えよう！

【喉頭の解剖】　色分けしよう！

①喉頭蓋（ピンク）
②舌骨（オレンジ）
③甲状軟骨（緑）
④披裂軟骨（青）
⑤輪状軟骨（黄）
⑥気管（茶）

前から　　　　　　　　　　　　　　後ろから

Raphael, L. J., G. L. Borden, & K. S. Harris『新ことばの科学入門』第2版，廣瀬肇訳，医学書院，2008　P75を改変

【声帯（vocal cords/ vocal folds「ひも」と「ひだ」）の解剖】

「声帯」の開きぐあいを見てみよう！　上から見た図
①甲状軟骨　②輪状軟骨　③披裂軟骨　④声帯

有声音を出すとき	普通に呼吸をしてるとき 無声音を出しているとき	ささやき声などを出すとき
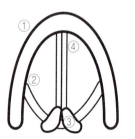	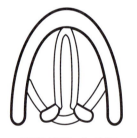	
披裂軟骨が輪状軟骨の上で内側に回転して**声帯が閉じた**状態（つまり声帯内転！）	**声帯が開いた**状態（つまり声帯外転！）	一部だけ開いた状態

🧍甲状軟骨（緑）、輪状軟骨（黄）、披裂軟骨（青）、声帯（赤）に色分けしよう！
👿これだけじゃ、なんとなく…
🧍では、友達と組み体操をして覚えよう。

> **実験2** 喉頭の解剖を組み体操で覚えよう！

【用意するもの】10cm×1mくらいの布2枚（声帯の役割）、うちわ（喉頭蓋の役割）
絵のように各器官になったつもりで動かしてみよう！

①甲状軟骨1名・②輪状軟骨1名・③披裂軟骨2名、④喉頭蓋1名

披裂軟骨を動かして声帯を開いたり、閉じたりしてみよう。
喉頭蓋で気管（声帯と声帯の間）に何か食べ物（紙のボールで代用）が入るのを防いでみよう。

「喉頭原音」って？

次は、声帯振動のしくみだよ。
声帯では披裂軟骨によって、閉じたうえに、以下のようなことが起こってる。

声のもとはどうやって作られるの？ 声帯振動のしくみ

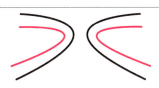
声帯の断面図

声帯って中は硬いけど、
外側は粘膜でぷにゅぷにゅしてるんだ。
だからこそ起こる現象！

コピー用紙を2枚1cmくらい離して
縦に持って、その間に息を吹き込んでみて。
紙はどうなる？
2枚の紙は息が通ったあとにくっつく。
これを、**ベルヌーイ効果**っていうんだ。
声帯振動もこのしくみで起こっているよ！

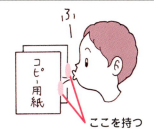

コピー用紙2枚よりも簡単に動く方法があるよ。「拍手笛」を吹いてみよう。
両方とも、息を吹き込むあたりを一枚ずつ親指と人差し指ではさんで持つと安定するよ。

人も声帯で拍手してるんだね。

うん。

実験3　拍手笛を作ってみよう

B5のコピー用紙を右の図のように切って、息を吹き込んでみよう。
ベルヌーイ効果で拍手するよ。
声帯振動もこれと同じしくみ。
のどのところで声帯が
拍手していると思って！

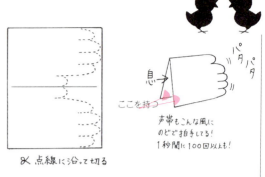

墨田区立言問小学校ことばの教室編『正しい発音を育てるために』1996

ベルヌーイ効果を声帯で見てみると、こんな感じになるよ。

まず、肺からの空気が上がってきて、声門下の空気圧が高まる。　　声帯を肺からの空気が押し開けて通過する。　　空気が通ったあとはベルヌーイ効果で声帯はまた閉じるんだ。

声帯振動はこの繰り返しだよ。
　空気のドーナツをポンポンと切っていく感じだよ。

実験4　声帯振動パラパラ漫画

この本のページの下をパラパラめくってみると、声帯が動いて見えるよ。やってみて！

パラパラの図
　Raphael, L. J., G. L. Borden, & K. S. Harris『新ことばの科学入門』第2版, 廣瀬肇訳, 医学書院, 2008 p.80 を改変

喉頭って声を出すだけじゃない！

喉頭って声を出すだけだと思ってない？

ちがうの？

もちろん声を出すのにも使うけど、それだけじゃないよ。
　他にもとっても大切な役割があるんだ。
　これらができないと命にかかわるようなことだから、ちゃんと知っておこうね。

喉頭の３つの役割

①下気道の保護　誤嚥（ごえん）しないように！肺に食べ物が入らないように守る。
②上肢の固定　重い物を持ったり、りきむ時は息を止めるよね。
③発声　もちろん声も出すよ（笑）

気道と食道の関係

🐻 犬やねこなどの４足の動物は気道と食道が並行。だから、息を吸いながら食べられるんだ。

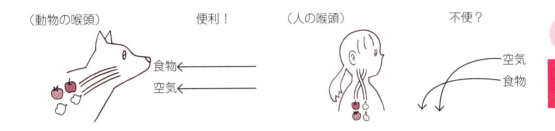

🐻 人間は直立歩行ができるようになったけど、気道と食道が交差してしまった。
　 だから、呼吸か食べるか一度にはどちらか片方しかできない。
　 ものを食べるときは気道を閉じる。
　 閉めそこなうと…むせてしまうか…。ひどい場合には、肺炎。
　 喉頭の進化の過程を調べてみるとおもしろいよ！

3. 声を作り出すモデル

🐻 ひととおり、声の作り方が見えてきたね。

😊 うん。

🐻 では、これが工学的にどのようにモデル化されてるかものぞいてみよう。

😊 わくわく、「人の声をまねた
コンピュータの声の作り方」ってこと？

🐻 まあ、そういうことかな。
　右の図は、左が人の「イ」「エ」「ア」「オ」「ウ」
　の声道の形の輪郭、右はその形の声道と同じ音が
　出る管の設計図だよ。
　それぞれの管に声帯振動の音を入れると、
　それぞれの音に聞こえる。

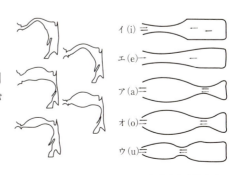

千葉勉・梶山正登『母音－その性質と構造』岩波書店
2003, p.86, p.139

第３章　発声のしくみ

😈 不思議！で、これをどうするの？管って、楽器みたいだね。

👽 まさにそう。「声帯振動で出る音」と「それぞれの管の形で音が変わる部分」を別々に考えて音声を作ってみようというモデルだ。

😈 なんか難しそう。

👽 とりあえず、今日は、ビデオを見て本当にそうなるかながめてみよう。

実験5 音源フィルター理論ってなあに？

サポートサイトの声道模型のビデオを見てみよう。
喉頭原音（声のもとになる声帯で作られる音）と声道の役割を考えてみよう。
上智大学の荒井隆行先生の「声道模型のホームページ」も参考にしよう！
http://splab.net/Vocal_Tract_Model/index-j.htm

音源フィルターモデル

👽 私たちが出す声はどのように出るのかな？単純にモデル化して考えてみよう。
では、次ページの図を見ながら下の説明を読んでね。

①肺からの空気は声帯のところまで上がってくる。
　声帯はそれによって振動して喉頭原音というブザーみたいな音が出るよ。
　その音によって声の高さが決まるんだ（**音源特性**っていうよ）。

②声道（つまり声帯より上の口の中と鼻の中の空洞）で、喉頭原音が変化する。
　つまり、声帯でつくられる音は同じでも、
　「あ」とか「い」とか口の形を変えるとそれぞれの音が出る！（これを**声道特性**という）

これは、人工喉頭を使ってみるとよくわかる。
のどに人工喉頭をあてて息を止めて、口の形だけ変えてみよう。
と言っても、みんなは人工喉頭を持ってないよね。こんな感じ。

🎧 03-01

③あとは唇から出るときにちょっとだけ変化がある（**放射特性**というよ）。
こんなモデルが考えられていて音声の分析や合成音声の作成などに役立っているんだ。

> **ポイント**

音声ができ上がるまで

音源フィルター理論とは？（ここは一番下の「①音源特性」から、②、③の順に見てね！）

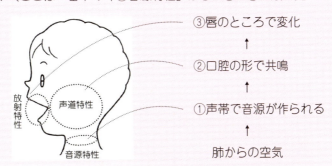

		場所	決まるもの
これが外に出てくる音声だ！	P(s) 音圧／周波数		
③放射特性（さらにちょっとだけ変わる）	R(s) 音圧／周波数	口唇	放射特性の影響は少ない
②声道特性（これによって音色が大体決まる）	T(s) 音圧／周波数	口腔 鼻腔	フォルマント周波数 声道の共鳴 [a]になるか [i]になるか　など
①音源特性（これが大もと！）	U(s) 音圧／周波数	声帯	基本周波数 声帯振動数 声の高さ

↑
肺

🔊「音源フィルターモデル」を実際の模型にしたものが声道模型だよ。

実際の声道模型ではこうなっている！

🔊サポートサイトでこの実験の動画が見られるよ。ぜひ見てみて！

音源特性		これが人工喉頭。「喉頭原音」に近いブザー音を出してくれる。これを直接喉に当てて、息をちょっと止めて、口だけ動かしてみると、その口の形の音が出せるよ。🎧 03-02
	人工の声帯の代わりの笛だよ。息を吹き込むと、リードが震えて音源になる。🎧 03-03	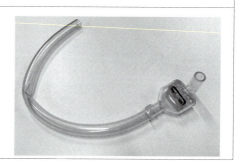

声道特性		こちらが声道模型の「パイプ型」。下が喉頭側だ。こちらから音を入れる。音声ファイルにそれぞれから出た音があるよ。🎧 03-04
	こちらが声道模型の「プレート型」。真ん中に空いた穴の大きさが違うプレートを並べて「パイプ型」とほぼ同じ型の筒をつくるんだ。喉頭側に人工喉頭を当てて音を出してね。音声ファイルにそれぞれから出た音があるよ。🎧 03-05	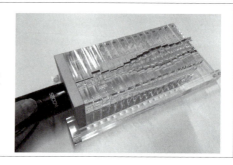

「フォルマント」ってなあに？（第9章でくわしく説明するから今回はざっとね）

簡単にいうと、

まず、声帯振動によって音源が作られる。

次に、声道の形を変えることによって音源のうちで、共鳴する（強められる）周波数が変わる。
山になっている部分、これがフォルマント。

サウンドスペクトログラム（よく言う「声紋（せいもん）」）というもので見ると「強められた高さの音」が帯に見える。以下は本物の人間の「あいうえお」の例。

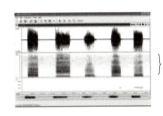 } ここの横しまの位置がフォルマント

「人はフォルマントの違いによって母音を聞き分けている」と言われてるよ。

　主に第1フォルマントと第2フォルマントを使っている！
　人間のフォルマント周波数はだいたいこのくらい。各母音で違っているのがわかるよね。

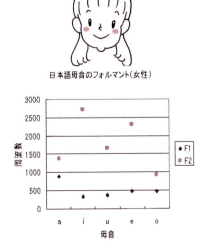

日本語母音のフォルマント（女性）

日本語母音のフォルマント（男性）

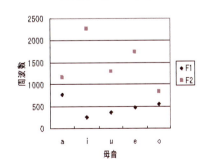

財団法人医療研修推進財団監修・粕谷英樹著 2001『第二版　言語聴覚士指定講習会テキスト』医歯薬出版　p.169の表1の数値を使用

4. 肺からの空気を使わない声

👤 ところで、肺からの空気なしで、声は出せるかな？

👹 えっ！ 無理だと思うよ。

👤 それができるんだ。そのうえ、声帯がなくても声は出たりもする。

実験6 　肺からの空気を使わない声もある！　 03-06

風船に空気を入れて口を軽く閉じてみよう。
頭の方を引っ張ると空気が中に入っていくよ。
風船の容積が増え、風船の中の気圧が低くなって、外の空気を吸い込むからだよ。
肺も同じしくみだよ。
「吸着音」などの肺からの空気を使わない音（音声ファイルを聞いて！）では
同じようなしくみ、つまり気圧を下げて空気を呼び込むってことを、
肺以外の別のところでやってる。

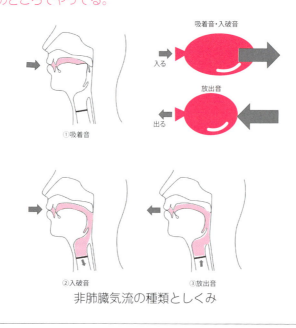

非肺臓気流の種類としくみ

---

5. 声帯がなくても声は出る

👤 ところで、「電気式人工喉頭」って何のためにあるか知ってる？

👹 この実験のため？

👤 ちがう、ちがう。
　これって、実は、喉頭癌などで声帯を取ってしまった方のために作られたものなんだ。

🐷 えっ！本当の声帯の代わりをしてるんだ！

👽 うん。

🐷 これがあるとちゃんと話せるよね。

👽 ありがたいよね。

🐷 で、僕たちも使える？

👽 うん。ちょっとこつがいるけど…声を出さずに口の形だけ変えて「あいうえお」と言うんだ。息を止めるとうまく出るよ。

🎧 03-01

他にも、声帯の代わりとして「食道発声（しょくどうはっせい）」というのがある。

🐷 食道発声 !!! なにそれ！

👽 声帯の代わりに食道の壁をふるわせて声を出すんだ。人工喉頭より訓練が必要だけど…

🐷 大変そう。

👽 ちょっとはね。
「食道発声」でネット検索すると、動画もいろいろ見つかるよ。

復習テスト

1. 横隔膜を下げて空気を吸い込むのは？
   ①腹式呼吸　②胸式呼吸
2. 音源フィルター理論で喉頭原音（声帯で出る音）は？
   ①声道特性　②音源特性
3. 声帯振動と関係あるのは？
   ①ベルヌーイ効果　②唇の形
4. 声帯が内転すると？
   ①無声音　②有声音
5. 「あ」「い」「う」「え」「お」を分けているのは？
   ①声帯振動　②口腔の形

まとめ

　私たちがどのように声を出しているかを音響音声学で分析する際のモデルのひとつに**音源フィルター理論**がある。声帯での喉頭原音を**音源特性**とし、それに口腔や鼻腔による**声道特性**と口唇のわずかな**放射特性**が加わることによって実際の音声が完成するというものだ。このモデルによると、**音源特性**が示す**基本周波数**により聞き手は音の高さを感じ、**声道特性**によって変化する**フォルマント周波数**により母音の弁別をしている。

ちょっと国試に挑戦

●第1回78 ホルマントを形成するのはどれか。
1. 声帯の振動
2. 鼻腔の反共鳴
3. 口唇からの音放射
4. 声道の共鳴
5. 胸腔の共鳴

解答 4

●第4回71 開口時に直接見えないのはどこか。
a. 舌根
b. 下咽頭
c. 舌背
d. 口蓋垂
e. 歯茎
 1. a, b 2. a, e 3. b, c
 4. c, d 5. d, e

解答 1

●第7回71 言語音の有声・無声の調節に直接関係するのはどれか。
1. 輪状軟骨
2. 甲状軟骨
3. 披裂軟骨
4. 舌骨
5. 胸骨

解答 3

●第16回40 音声生成のソース・フィルタモデルの3要素はどれか。
a. 音源
b. 声道
c. 放射
d. 反射
e. 共鳴
 1. a, b, c 2. a, b, e 3. a, d, e
 4. b, c, d 5. c, d, e

解答 1

●第18回36 声道に含まれないのはどれか。
a. 鼻腔
b. 口腔
c. 咽頭
d. 食道
e. 気管
 1. a, b 2. a, e 3. b, c
 4. c, d 5. d, e

解答 5

第4章 発音記号を覚えよう その1

この章で学ぶこと
- IPA（国際音声記号）って？
- 母音と子音の違い
- 母音
- 子音

1. IPA（国際音声記号）って？

👧 英語の時間に発音記号って見たことある？

👦 う〜ん。たぶんね。

👧 でもあんまり知らないって？

👦 だって、ちゃんと習ったことないんだもん。

👧 じゃあ、ちゃんと習おう！

国際音声学会（International Phonetic Association）、略して IPA。
「**国際音声学協会**」とも言うよ。
この学会が、**国際音声記号**（International Phonetic Alphabet）
（これもまたまた略して IPA。「**国際音声字母**」ともいう）っていう記号を決めてるんだけど、
世界中の言語の音声を表記できる！という理想を掲げて作られた。
これがいまの世界標準ってところかな。

👦 へ〜、どっちも IPA なんだね。

👧 うん。まずは基本の IPA をかじってみよう。

実験1 　IPA のしくみ

以下の国際音声記号の表をながめてみよう！
どのような構成になっているかを話し合ってみよう。

国際音声記号(2015年改訂版)

© 2015 IPA

子音（肺臓気流）

	両唇音	唇歯音	歯音	歯茎音	後部歯茎音	そり舌音	硬口蓋音	軟口蓋音	口蓋垂音	咽頭音	声門音
破裂音	p b			t d		ʈ ɖ	c ɟ	k g	q ɢ		ʔ
鼻音	m	ɱ		n		ɳ	ɲ	ŋ	ɴ		
ふるえ音	ʙ			r					ʀ		
たたき音・はじき音		ⱱ		ɾ		ɽ					
摩擦音	ɸ β	f v	θ ð	s z	ʃ ʒ	ʂ ʐ	ç ʝ	x ɣ	χ ʁ	ħ ʕ	h ɦ
側面摩擦音				ɬ ɮ							
接近音		ʋ		ɹ		ɻ	j	ɰ			
側面接近音				l		ɭ	ʎ	ʟ			

記号が対になっている場合、右側の記号が有声子音。グレーの部分は、調音不可能と考えられる。

子音（非肺臓気流）

吸着音	有声入破音	放出音
ʘ 両唇音	ɓ 両唇音	' 例：
ǀ 歯音	ɗ 歯(茎)音	p' 両唇音
ǃ (後)歯茎音	ʄ 硬口蓋音	t' 歯(茎)音
ǂ 硬口蓋歯茎音	ɠ 軟口蓋音	k' 軟口蓋音
ǁ 歯茎側面音	ʛ 口蓋垂音	s' 歯茎摩擦音

母音

前舌母音　　中舌母音　　後舌母音

狭母音　　i•y　　ɨ•ʉ　　ɯ•u
　　　　　　ɪ Y　　　　　ʊ
半狭母音　e•ø　　ɘ•ɵ　　ɤ•o
　　　　　　　　　ə
半広母音　ɛ•œ　　ɜ•ɞ　　ʌ•ɔ
　　　　　æ　　　ɐ
広母音　　　　a•ɶ　　　ɑ•ɒ

記号が対になっている場合、右側の記号が円唇母音。

その他の記号

ʍ 無声両唇軟口蓋摩擦音　　ɕ ʑ 歯茎硬口蓋摩擦音
w 有声両唇軟口蓋接近音　　ɺ 有声歯茎側面はじき音
ɥ 有声両唇硬口蓋接近音　　ɧ ʃ と x の同時調音
H 無声喉頭蓋摩擦音
ʕ 有声喉頭蓋摩擦音　　必要があれば、破擦音と二重調音は2つの記号を連結線で結ぶことでも表せる　　k͡p t͡s
ʡ 喉頭蓋破裂音

超分節要素

ˈ 第1強勢　　　　ˌfoʊnəˈtɪʃən
ˌ 第2強勢
ː 長　　　eː
ˑ 半長　　　eˑ
˘ 超短　　　ĕ
| 小さな切れ目（韻脚）
‖ 大きな切れ目（イントネーション）
. 音節境界　　ɹi.ækt
‿ 連結（切れ目なし）

音調と語アクセント

平板　　　　　　曲線
e̋ か ˥ 超高　　ě か ˩˥ 上昇
é ˦ 高　　　　ê ˥˩ 下降
ē ˧ 中　　　　e᷄ ˦˥ 高上昇
è ˨ 低　　　　e᷅ ˩˨ 低上昇
ȅ ˩ 超低　　　e᷈ ˧˦˧ 上昇下降
↓ ダウンステップ　↗ 全体的上昇
↑ アップステップ　↘ 全体的下降

補助記号

記号が下寄りのとき、補助記号はその上においてもよい　例：ŋ̊

̥ 無声の	n̥ d̥	̤ 息漏れ声の	b̤ a̤	̪ 歯音の	t̪ d̪
̬ 有声の	s̬ t̬	̰ きしみ音の	b̰ a̰	̺ 舌尖音の	t̺ d̺
ʰ 帯気音の	tʰ dʰ	̼ 舌唇音の	t̼ d̼	̻ 舌端音の	t̻ d̻
̹ 円唇の度合いが強い	ɔ̹	ʷ 円唇音の	tʷ dʷ	̃ 鼻音の	ẽ
̜ 円唇の度合いが弱い	ɔ̜	ʲ 硬口蓋化した	tʲ dʲ	ⁿ 鼻腔開放	dⁿ
̟ 前寄りの	u̟	ˠ 軟口蓋化した	tˠ dˠ	ˡ 側面開放	dˡ
̠ 後ろ寄りの	e̠	ˤ 咽頭化した	tˤ dˤ	̚ 無開放	d̚
̈ 中舌寄りの	ë	̴ 軟口蓋化あるいは咽頭化した	ɫ		
̽ 中段-中舌寄りの	ẽ	̝ より狭い	e̝ (= 有声歯茎摩擦音)		
̩ 音節主音的	n̩	̞ より広い	e̞ β̞ (= 有声両唇接近音)		
̯ 音節副音的	e̯	̘ 舌根が前寄りの	e̘		
˞ rの音色を持つ	ɚ a˞	̙ 舌根が後ろ寄りの	e̙		

子音には、肺からの空気を使う**肺臓気流**のものと、声道の途中で空気の流れを作り出す**非肺臓気流**のものがあるよ。日本語に使われる子音はすべて**肺臓気流**だよ。

2. 母音と子音の違い

👤 ところで、母音と子音という言葉は聞いたことがあるかな。

🐷 ちょっとはね。

👤 「あ、い、う、え、お」とかが母音というのは聞いたことある？

🐷 うん。

👤 まずは、その2つの違いから見てみよう。

簡単にいうと、

肺からの「**空気の通り道の途中で空気の流れがいろいろな方法で邪魔される**」のが子音、

「**邪魔されずに通過する**」**のが母音**だよ。

だから…

子音は道を閉じる！母音は道を開く！と覚えよう。

で、子音はその気流の妨害の方法によって分類される。

🐷 へ〜。気流って空気の流れのこと？

👤 うん。母音は子音と比べたらどちらかというと空気の妨害がないけど。

🐷 じゃ、どうやっていろんな母音を区別するの？

👤 **口の構えが母音によって違うんだ。**

前回やったよね。口の形が変わると音色が変わるって。

🐷 うん、やったやった。

👤 じゃあ、その口の構えの違いによる分類方法についても見ていこう。

あと、もうひとつ大事なのが「**声帯振動があるかないか？**」

母音は基本的に声帯振動（声）がある。

喉頭原音がある、つまり声が出ているってことだよね。

🐷 うん。

👤 子音は声帯振動（声）があるもの（**有声音**）とないもの（**無声音**）とに分かれる。

無声音は開いた声帯の間を呼気が通るだけで声帯は振動しない。

3. 母音

👤 まずは母音！

> 母音の分類には次の3つのポイント（分類基準）があるよ。
> 　　①唇の丸めがあるかどうか？
> 　　②口の中の開きの度合
> 　　③舌が前に出ているか後ろに引かれているか？

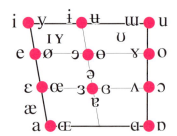

👾 これな〜んだ！
🐷 う〜ん。記号いっぱい。
　英語の辞書で見たことあるのもあるかも。
👾 ま、これだけじゃわからないよね。
　もうちょっと説明しとこうね。
　この図は**母音図**っていうんだ。

実験2　母音図って何者？

上の記号いっぱいの図は、それぞれの母音を作るときの
何かを表してる。
なんだと思う？
左に向かって口を開いている人を想像してみて！
ヒントは右の図だよ。

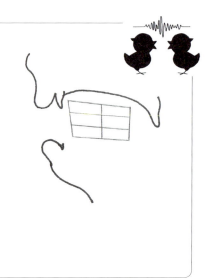

👾 もうひとつヒント！こんなふうになるんだ。
　母音図のそれぞれの点は何を表していると思う？
🐷 舌の位置？
👾 舌って大きいよね。舌のどこ？
🐷 舌の先の位置？
👾 残念！あともう一歩！
　右の図をみると…
　発音するときの舌っていつもどこかが
　盛り上がってるよね。
　つまり、「**一番盛り上がっている点の位置を
　プロットした**」のが母音図なんだ。
🐷 へ〜！

【各母音の舌の山の位置の変化の図】

IPAの基本母音ってどうやって決められたの？

🐌 基本母音図を見てみよう！

第一次基本母音	第二次基本母音
①i ⑧u ②e ⑦o ③ɛ ⑥ɔ ④a ⑤ɑ	y⑨ i⑰ u⑱ ɯ⑯ ø⑩ ɣ⑮ œ⑪ ʌ⑭ ɶ⑫ ɒ⑬

🐌 まずは、舌の山が最も前に寄っていて、かつ最も高いところにあるときを[i]の点と決めたんだ。

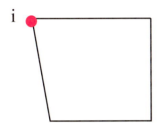

🐌 みんなも発音してみよう。
　日本語の「い」より口の開きがちょっと狭いけど、がんばって出してみよう！
　そして、舌の山が最も後ろで、かつ最も低い場合を[ɑ]とした。

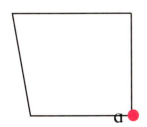 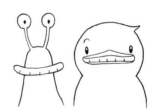

🐌 これも日本語にはないから、ちょっときついよね。
🐷 う〜。苦しい！
🐌 がんばって！さらに同じように[a]と[u]の点を決めたんだ。（次のページの最初の図）
　ただし、[u]は唇を丸めて出す。
　記号が●の左側に書いてあると、その母音は**非円唇**だってことを示している。
🐷 ひえんしん？？？
🐌 「非円唇」っていうのは字を見ればわかると思うけど「唇が丸まっていない」ってこと。

🐷 な〜んだ。

👨‍🔬 非円唇はさらに細かく、
　唇が左右に引かれている**平唇**（**張唇**ともいう）と
　円唇でも平唇でもなく、唇がゆるんでいる**弛唇**の区別をすることもあるよ。
　各点の右側に書いてあるのが、唇が丸まって**円唇**になっているものだ。

🐷 なっとく。

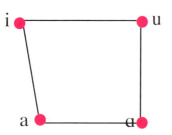

👨‍🔬 外側の枠を舌が動くいっぱいいっぱいの線にして、
　全体を縦に3等分して4段階の口の開きの度合いを決めた。
　本当は口の開きじゃなくて、聴覚印象で4段階を決めたらしい。
　まあ、発音するときは、だいたい口の開きで分けていることが多いけどね。
　そうして、次の図の①〜⑧の母音を決め、「第一次基本母音」と名づけた。
　①〜⑤は非円唇、⑥〜⑧は円唇だから気をつけて。

🎧 04-01

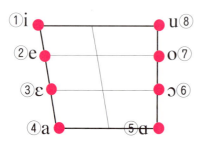

今度は①〜⑤を円唇に変えて⑨〜⑬と番号をふり、⑥〜⑧を非円唇に変えて⑭〜⑯と番号をふり、最後に舌の山が前でも後ろでもなく真ん中に来る母音を決めて非円唇を⑰、円唇を⑱とした。⑨〜⑱の母音を「第二次基本母音」というよ。

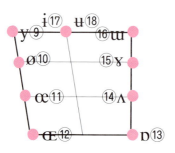

👾第一次基本母音と第二次基本母音をたすとこうなる！

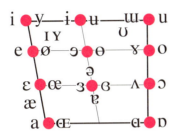

👾さらに、中間どころの音が加わって、これが完成品！　🎧 04-03

👾第一次基本母音、第二次基本母音にはそれぞれ母音の番号がついてたよね。
この番号で呼ばれることも多いんだ。
「基本母音の○番」と言われたらどれだかわかるようにね。

じゃあ、あらためて第一次基本母音を聴いてみよう。　🎧 04-01
⑥、⑦、⑧の母音は円唇だから気をつけて。

次は第二次基本母音だよ。　🎧 04-02
これも非円唇と円唇の違いを
チェックしつつ聞いてね。
２度目はみんなもあとについて繰り返してみよう。
同じ音が出るかな？
🐙結構大変！
👾日本語にない音ばっかりだからね。
🐙音声学を身につけるためには、
いろんな音が出せたり、
聞けたりしなくちゃいけない？
👾おいおいね。これも修行のうち。がんばって！

第４章　発音記号を覚えよう　その１

ポイント

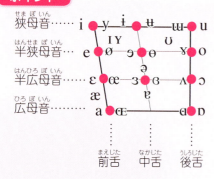

母音の分類の３つのポイント！　確認しよう。

① 唇の丸めがあるかどうか？【非円唇・円唇】
② 口の中の開きの度合【狭・半狭・半広・広】
　舌の一番盛り上がっている点の高さのこと
③ 舌が前に出ているか？後ろに引かれているか？
　【前舌・中舌・後舌】
　正確には舌の一番盛り上がっている点は前のほうか後ろのほうか？

左が非円唇→ i ● y ←右が円唇

🧑‍🔬 さあ、ここで日本語の母音について見てみようね。

🐤 やっと本題だね。

🧑‍🔬 日本語の母音って、IPA の母音図と重ねるとこんな位置に分布している。

🎧 04-04

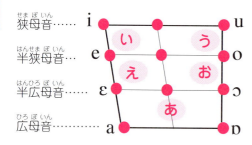

分類の基準に従って記述すると…
日本語の**あ**　非円唇・中舌・広母音
日本語の**い**　非円唇・前舌・狭母音
日本語の**う**　非円唇・後舌・狭母音
日本語の**え**　非円唇・前舌・半狭（半広）母音
日本語の**お**　円唇・後舌・半狭（半広）母音

【日本語の母音の位置】

🐤 なんで、１点じゃないの？

🧑‍🔬 個人差なんかもあってだいたいこのくらいの位置といったほうが正確なんだ。

　で、５つの母音全部に共通していることは？

　基本母音とまったく同じという母音はない！ってこと。

🐤 じゃあ、IPA じゃ表せないじゃないって。

🧑‍🔬 そうなんだ、このままの記号だけじゃだめなんだ。

🐤 IPA って全然使えないじゃん。役立たず！

🧑‍🔬 そんなことはないよ。

　精密表記っていって補助記号を加えて表す方法もある。

　36 ページの IPA の表に補助記号のリストがあるから見てみてね。

　ためしに、日本語の母音を精密表記するとこんなふうになるよ。

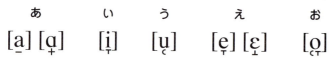

もうひとつの方法としては、IPA の基本母音とは音色は違うけど、

一番近そうで使いやすそうな記号を選んで、

ある言語内限定で使うんだ。

🐷 え、どういうこと？

👦 他の言語とは比較しないで、日本語ではこの音をこの記号で仮に表す！と決めちゃうんだ。

だから、使う人はそれが「同じ記号でも **IPA の基本母音とは違う音**」だってことを

知ってなければいけない！

同じと誤解するとめんどうなことになる。

🐷 発音記号を書く人も読む人も「仮の表記」だって了解済みなんだね。

👦 そうなんだ。

で、日本語の場合は、以下の発音記号を使うのが一般的になっているのでこれを覚えとこう。

正確な位置としては、前のページの「日本語の母音の位置」の図の通りだよ。

その点をしっかりと理解してね。

🐷 了解！

記号は書く大きさが決まっているよ。お手本の通りに大きさをそろえて書こう！

a	i	ɯ	e	o
a	i	ɯ	e	o

母音の分類のまとめ！ 母音は①〜③の基準によって、それぞれどのように分類されるかな？

① 唇の丸めがあるかどうか？　（　　　）（　　　）

② 口の中の開きの度合は？　（　　　）（　　　）（　　　）（　　　）

③ 舌が前にあるか後ろに引かれているか？　（　　　）（　　　）（　　　）

▼ クイズ　🎧 04-05

どの母音かあててみよう。

① [i], [e], [ɛ], [a]　のうちどれでしょう？　（　　　　）
② [ɑ], [ɔ], [o], [u]　のうちどれでしょう？　（　　　　）
③ [i], [u], [ɯ] [y]　のうちどれでしょう？　（　　　　）
④ [ɒ], [ɑ], [ɔ], [œ]　のうちどれでしょう？　（　　　　）
⑤ [e], [ɛ], [ø], [ʌ]　のうちどれでしょう？　（　　　　）

▼クイズ

次の母音の名前から発音記号、発音記号から名前を書いてみよう！

① 円唇・後舌・狭母音　　[u]
② 非円唇・前舌・半狭母音
③ 円唇・後舌・半狭母音
④ 円唇・前舌・半広母音
⑤ 非円唇・前舌・広母音

⑥ [i]　非円唇・前舌・狭母音
⑦ [ɯ]
⑧ [ɛ]
⑨ [ɔ]
⑩ [y]

4. 子音

🐥次は子音！

ポイント

子音の分類方法（分類基準）　以下の３つだよ。
① 声帯振動があるかないか？（有声か無声かということ）
② 調音の位置
③ 調音方法

実験3　[s] と [z] を出してみよう。（音声ファイルのまねをしてみてね）

のどに手のひらを大きくあててぶるぶると
振動が伝わってくるかどうか確認しよう。
また、[s] と [z] の口の中の様子に変化はあるかな？

🎧 04-06

有声・無声の違いってなあに？

🐥どうかな？ぶるぶる感じたかな？

🐤どっちが？

🐥もちろん [z] のほうだよね。これは第３章でやった「**有声**」ってこと。
　つまり、声帯振動がある！反対に [s] はふるえないよね。

🐤うん、確かに。

🐥これは声帯がふるえてないからなんだ。開いている声門を呼気が通過するだけ。
　だから、「**無声**」。で、[s] と [z] の口の中の様子はどうかな？

🐤ほとんど同じだ！　続けて言っても動かないみたい。

🐥子音には有声と無声という声帯振動のあるなしだけが違って
　口の中の様子が同じペアがいっぱいある。
　こういうとき、「**調音位置**」と「**調音方法**」が同じ！っていうんだ。

🐤だんだん複雑になってきたね。

🐌 IPAの図ではこのペアが同じ枠に無声（左）、有声（右）の順に並んでいる。
例えば、[t] と [d]。

| t | d |

🐷 ばらばらに覚えるより、このペアで覚えたほうが効率的だね。

🐌 そうそう。

🐷 ところで、「調音位置」ってなあに？

🐌 じゃあ、次でみていこうね。

あっ！その前に調音器官の名前って覚えてるかな？書いてみよう！

①
②
③
④
⑤
⑥
⑦
⑧
⑨
⑧+⑨
⑩
⑪
⑫
⑬
⑭
⑮
⑯
⑰
⑱

あ
い
う

あ+い+う

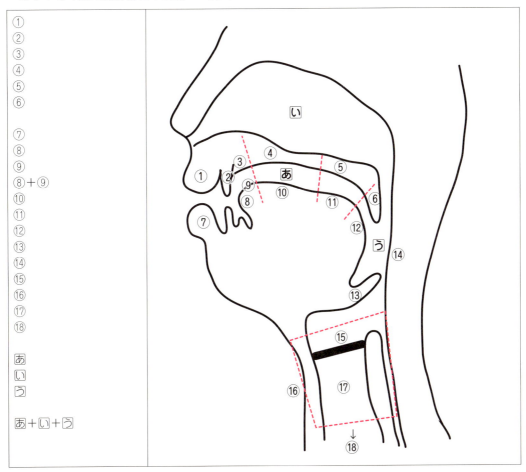

実験4　調音位置を見てみよう！

唇を閉じずには言えない音を探してみよう。
両手の人さし指を口に入れて、
唇を左右に引っぱる（唇が閉じられなくなる）と言えなくなってしまう言葉を探そう。
例えば、「学級文庫」とか（笑）。

🐌 子音は基本的に下あご側の調音器官（舌とかもそうだよ）が上の調音器官の方向に上がって、**「狭め」や「閉鎖」を作ることによってできる！**

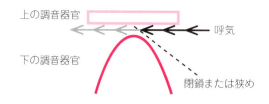

発音するとき、主に下あごが動いていることを鏡を見て確認しよう。
また、友達が話しているところも見てみよう。

調音位置というのは、それらの狭めや閉鎖がどこで起こっているかってこと。
図にするとこんな感じ。

調音の位置（調音点ともいうよ）を見てみよう！

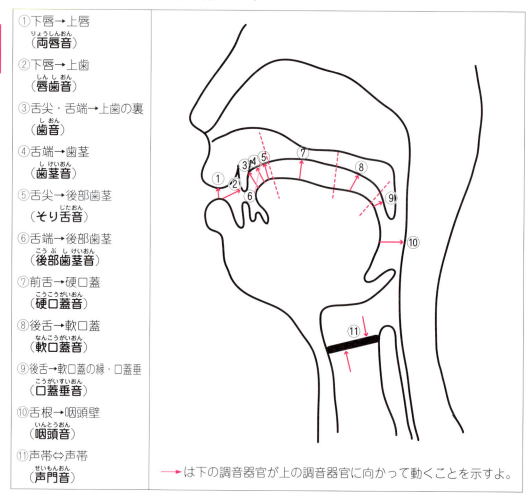

① 下唇→上唇
（両唇音 りょうしんおん）

② 下唇→上歯
（唇歯音 しんしおん）

③ 舌尖・舌端→上歯の裏
（歯音 しおん）

④ 舌端→歯茎
（歯茎音 しけいおん）

⑤ 舌尖→後部歯茎
（そり舌音 じたおん）

⑥ 舌端→後部歯茎
（後部歯茎音 こうぶしけいおん）

⑦ 前舌→硬口蓋
（硬口蓋音 こうこうがいおん）

⑧ 後舌→軟口蓋
（軟口蓋音 なんこうがいおん）

⑨ 後舌→軟口蓋の縁・口蓋垂
（口蓋垂音 こうがいすいおん）

⑩ 舌根→咽頭壁
（咽頭音 いんとうおん）

⑪ 声帯⇔声帯
（声門音 せいもんおん）

→ は下の調音器官が上の調音器官に向かって動くことを示すよ。

じゃあ、いろいろな音を出してみて、どこで「狭め」や「閉鎖」ができているかを調べてみよう。

> **実験5**　調音方法の違いを感じよう！
>
> ①「た」[ta] と「さ」[sa] の音声の始めの部分は何が違うだろうか？
> ②「ば」[ba] と「ま」[ma] の音声の始めの部分の違いを考えてみよう。
> 　どこが違っているだろうか？
> 　鼻をつまむと言えなくなるのはどちらかな？

🗿調音器官どうしが一度完全に閉じる音を「**閉鎖音**（へいさおん）」というよ。

😈閉鎖するから閉鎖音だね。

🗿ただし、そのあと開くから「**破裂音**（はれつおん）」ともいう。
　IPA では閉鎖音じゃなくて破裂音と呼んでる。

😈うん。

🗿完全に閉じないで「狭め」がずっと続く音を「**摩擦音**（まさつおん）」っていう。
　あと摩擦音より狭めが広いものが「**接近音**（せっきんおん）」だ。図にしてみると、こんな感じ。

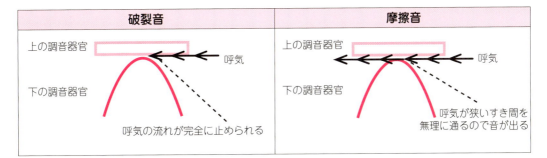

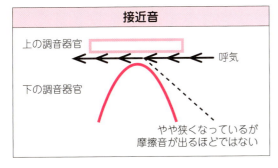

🗿[t] と [s] は「調音方法」が違うんだ。
　[t] は破裂音、[s] は摩擦音。でも、この2音の舌の位置は大体同じだよ。
　つまり、「調音方法」は違うけど、「調音位置」は同じってこと。

😈うん。

🗿こういう音は常にペアにして覚えとこう。

▼ クイズ

発音されている順番は、🎧 04-07

　ア．有声・無声かな？　イ．無声・有声かな？　記号で答えよう。

　①　　　　　　　　②　　　　　　　　③

復習テスト

1. 母音図は舌のどこをプロットしている？
　①舌先　②舌の山
2. 子音の分類方法は有声・無声、調音の位置と、あとひとつは？
　①調音の方法　②声の高さ
3. 子音で口腔の閉鎖があるのは？
　①摩擦音　②破裂音
4. 子音で口腔の狭めが続く音は？
　①破裂音　②摩擦音
5. 母音は普通みんな？
　①有声音　②無声音

●発音記号チェック1　発音記号で母音を入れよう。

1. りんご　[rʲ　　ŋg　　]
2. ぶどう　[b　　d　　ː]
3. かき　　[k　　kʲ　　]
4. いちじく[　　tɕ　　dʑ　　k　　]
5. すいか　[s　　　k　　]
6. バナナ　[b　　n　　n　　]
7. オレンジ[　　ɾ　　ɲdʑ　　]
8. メロン　[m　　ɾ　　ɴ]
9. いちご　[　　tɕ　　g　　]
10. ざくろ　[dz　　k　　ɾ　　]

まとめ

　母音と子音の区別は、空気の通り道の途中で空気の流れが邪魔されるのが**子音**、邪魔されずに通過するのが**母音**である。子音の種類には肺からの空気を使う**肺臓気流**と声道の途中で空気の流れを作り出す**非肺臓気流**がある。日本語に使われる子音は**肺臓気流**である。

　IPAでは、母音は**唇の丸め**、**口の開き**、**舌の前後の位置**によって分類され、子音は**声帯振動の有無**、**調音の位置**、**調音の方法**によって分類される。子音のうち、呼気の通り道が一度完全に閉じる音を**破裂音**または**閉鎖音**、狭めを持続させる音を**摩擦音**、より狭めが広いものを**接近音**と言う。

ちょっと国試に挑戦

●第1回71 国際音声字母における前舌母音はどれか。
1. [a] [o] [y]
2. [y] [i] [e]
3. [i] [e] [u]
4. [a] [e] [ø]
5. [o] [ø] [a]

解答 2 と 4

●第2回70 日本語の母音の二分法として妥当なのはどれか。
a. ア,イ 対 ウ,エ,オ
b. イ,ウ 対 ア,エ,オ
c. イ,エ 対 ア,ウ,オ
d. エ,オ 対 ア,イ,ウ
e. ア,オ 対 イ,ウ,エ
 1. a, b 2. a, e 3. b, c
 4. c, d 5. d, e

解答 3

●第3回70 日本語の母音「ア」を他の母音から区別する音韻特徴はどれか。
1. 有声
2. 非鼻音
3. 前舌
4. 奥舌
5. 広母音

解答 5

●第4回72 非肺気流を用いるのはどれか。
a. 放出音
b. そり舌音
c. 流音
d. ふるえ音
e. 入破音
 1. a, b 2. a, e 3. b, c
 4. c, d 5. d, e

解答 2

●第10回72 国際音声字母における母音の分類基準に該当するのはどれか。
1. 有気性
2. 円唇性
3. 側面性
4. 気流生成機構
5. ピッチ

解答 2

●第11回36 母音 [i] を発音するときの舌の形状はどれか。

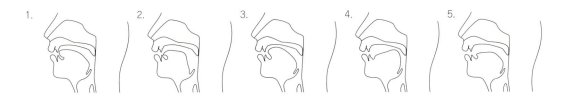

解答 3

●第 12 回 36　前舌母音はどれか。
a. [e]
b. [ɑ]
c. [o]
d. [ɨ]
e. [y]
　1. a, b　2. a, e　3. b, c
　4. c, d　5. d, e

●第 17 回 36　後舌母音でないのはどれか。
a. [o]
b. [ɒ]
c. [æ]
d. [ɜ]
e. [ʌ]
　1. a, b　2. a, e　3. b, c
　4. c, d　5. d, e

●第 17 回 136　日本語（共通語）で円唇母音はどれか。
1. ア
2. イ
3. ウ
4. エ
5. オ

●第 18 回 135　広母音でないのはどれか。
1. [ʌ]
2. [œ]
3. [a]
4. [ɑ]
5. [ɒ]

●第 19 回 36　共通語（東京方言）の「ウ」の説明で適切なのはどれか。
a. 狭母音である。
b. 無声化が生じる。
c. 円唇母音である。
d. 前舌母音である。
e. 舌端が口蓋に接触する。
　1. a, b　2. a, e　3. b, c
　4. c, d　5. d, e

第5章
発音記号を覚えよう その2

> **この章で学ぶこと**
> ・破裂音（閉鎖音）
> ・摩擦音

🐌 子音の調音方法は9つある。

🐷 へ〜、そんなに！

🐌 そのうち2つはちょっと特殊なものだから、この本では残り7つを順番に紹介するね。今日は最初の2つだけ。

1. 破裂音（閉鎖音）

🐌 まずは破裂音だよ。

🐷 破裂音って？

🐌 口腔内が完全に閉鎖されて、呼気の流れが止まる子音のことだよ。

🐷 えっ、どういうこと？　難しそう…

🐌 そうだよね。じゃあ、「ぱ」と言ってみて。
「ぱっぱっぱっぱっ…」と何回も言うと、もっとわかりやすいかな。

🐷「ぱっぱっぱっぱっ…」

🐌 上下の唇がいったん完全に閉じて、それから開くよね？

🐷「ぱっぱっぱっぱっ…」

🐌 じゃあ、閉じたところで止めてみて。

🐷 ……

🐌 閉じてる間は息が口の外に出ていけないよね。

🐷 ……

🐌 で、いつまでも閉じっぱなしだと、だんだん苦しくなってきて、

🐷 ……

🐌 顔が赤くなってきたりする

🐷 ……

🐌 このへんで、口を開けよう。

🐷 ぷう〜ぅ。

😈じゃなくて、開けると同時に声を出して「あ」と言ってみよう。
🐥ぷ〜あ〜。
😈これが「ぱ」の正体だよ。
🐥破裂音って苦しいね。
😈「ぱ」はIPAで[pa]と書くけど、この前半の[p]が破裂音なんだ。
　口腔内で「**閉鎖**」があって、それが「**破裂**」して、呼気が「**解放**」される音なんだ。
🐥今度はなんとなくわかった気がする。
😈「破裂音」のことを「閉鎖音」とも言う。
　「閉じてる！」っていう部分に注目した呼び名が「閉鎖音」。
　閉じっぱなしじゃなくて、それが開いて破裂した瞬間に目をつけた呼び名が「破裂音」なんだ。
🐥ふ〜ん。

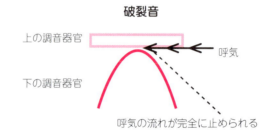

破裂音

😈ところで、[p]の調音位置はどこだかわかる？
🐥どこが閉じてたかってこと？
😈うん。
🐥上下の唇を使ってたけど。
😈そう、両唇音だね！
　じゃあ、[p]は有声それとも無声？
🐥前にやった[s]や[z]と違って一瞬だからわかんないや。
😈[pa]は[p]の瞬間、つまり唇が閉じている間は、まだ声帯が振動していない、
　つまり声が出ていない。
🐥えっ！でも声が聞こえるよ。
😈それはね、[a]の部分なんだ。これは「ぱ」[pa]と「ば」[ba]を比べてみるとわかるよ。
　のどに手をあててみて。
　「ば」は唇を閉じているときからもう声が出ているんだ。
🐥あっ！なんか違う。ぶるぶるいってる。

😈ここまでをまとめると…
　[p]は無声・両唇・破裂音。[b]は有声・両唇・破裂音。
🐥ええーっ？　何？「むせい、りょうしん、はれつ…」難しすぎるよぉ。
😈ちょっと漢字ばっかりで難しいよね。でも、あとでゲームをやるから覚えといて。
🐥うあ〜、どんなゲーム？

🗻 それはおたのしみ。

🗻 さて、あと4つ破裂音を紹介しよう。
「た」[ta] に出てくる [t] と「だ」[da] に出てくる [d] は…。
これは舌先と歯茎が一瞬完全にくっついて、それから離れる音だから？

← 調音の位置の図（46ページ）を見よう！

🐧 歯茎音！

🗻 正解！[t] が無声で [d] が有声だ。
あと日本語の「た」、「だ」の子音を、舌先と歯を閉鎖させて発音する人もいるよ。
その場合は歯茎音じゃなくて歯音になるけど、記号は同じ [t]、[d] を使う。
「か」[ka] に出てくる [k] と「が」[ga] に出てくる [g] は…。
後舌面と軟口蓋がくっついて離れるんだけど、わかるかな？
わかりにくかったら「かっかっかっかっ…」
「がっがっがっがっ…」と言ってみて。

🐧 なんか口の奥の方だってことはわかるけど…

🗻 これは軟口蓋音。[k] が無声、[g] が有声。

🗻 じゃあ、日本語に出てくる破裂音を調音位置が前の方から順に見ていこう。
発音記号は書き方も大切！
だって、自分だけわかっても他人がわからなかったら意味ないよね。
読み間違えられそうな記号はチェック！なるべく活字と同じ形に書くと
間違いが少ないよ。
他の記号と比べて、どのくらいの大きさに書くかも
気をつけよう。はじめが肝心！きれいに書けるようになっとこう。
以下の記号をじっくり見て、
他の記号と間違えないように！

練習の欄もつけたので上から
なぞって練習しよう。

🗻 まず、☆の記号から覚えよう！これは絶対にはずせない！
次に○！日本語で音の環境（出てくる場所）によって、よく使われる音だ（異音（いおん）っていうよ）。
第16章で出てくるから待っててね。
△は日本語にない音だけど英語とかにあるから、この際覚えとこ。

ポイント

【調音位置の図の見方】

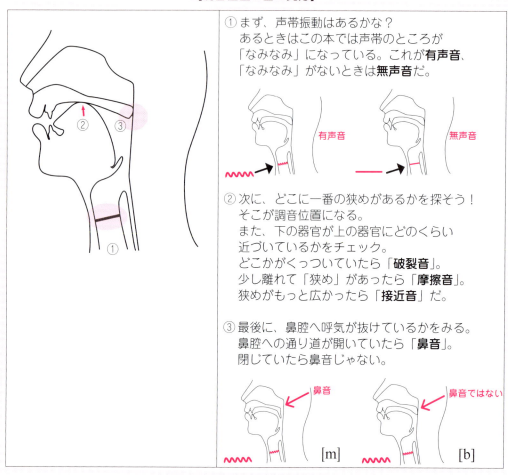

① まず、声帯振動はあるかな？
あるときはこの本では声帯のところが「なみなみ」になっている。これが**有声音**、「なみなみ」がないときは**無声音**だ。

② 次に、どこに一番の狭めがあるかを探そう！
そこが調音位置になる。
また、下の器官が上の器官にどのくらい近づいているかをチェック。
どこかがくっついていたら「**破裂音**」。
少し離れて「狭め」があったら「**摩擦音**」。
狭めがもっと広かったら「**接近音**」だ。

③ 最後に、鼻腔へ呼気が抜けているかをみる。
鼻腔への通り道が開いていたら「**鼻音**」。
閉じていたら鼻音じゃない。

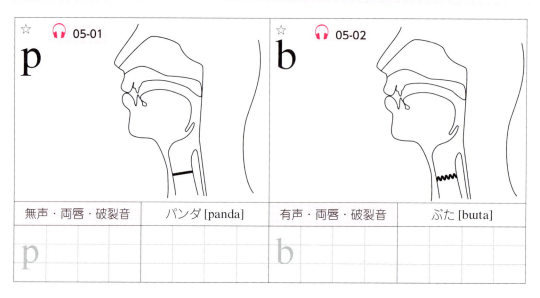

無声・両唇・破裂音	パンダ [panda]	有声・両唇・破裂音	ぶた [buta]
p		b	

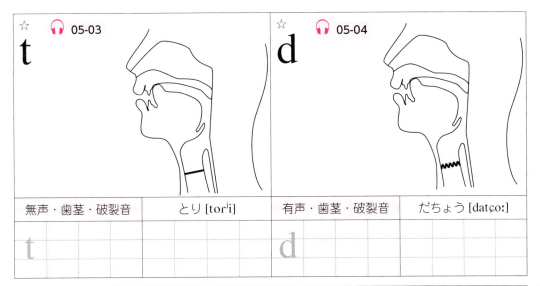

| 無声・歯茎・破裂音 | とり [torʲi] | 有声・歯茎・破裂音 | だちょう [datɕoː] |

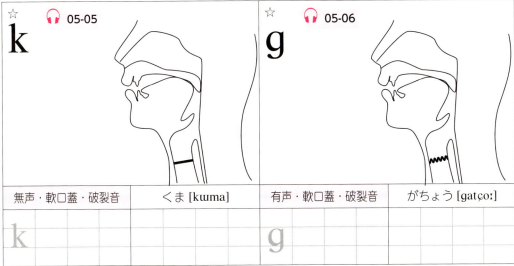

| 無声・軟口蓋・破裂音 | くま [kɯma] | 有声・軟口蓋・破裂音 | がちょう [gatɕoː] |

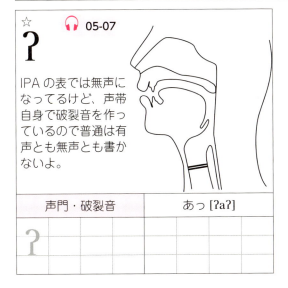

IPAの表では無声になってるけど、声帯自身で破裂音を作っているので普通は有声とも無声とも書かないよ。

| 声門・破裂音 | あっ [ʔaʔ] |

2. 摩擦音

👤 次は摩擦音。

🐥 摩擦音って、どんな音かな？

👤 騒いでいる人たちを静かにさせるつもりで「シーッ!!」と言ってみて。

🐥 シーッ!!

👤 そうそう、その音が摩擦音。「シーッ」と言っているとき、口の中はどんなふうになってる？

🐥 う〜ん。

👤 前舌が上がって歯茎にうんと近づいてるんだけど、わかる？

🐥 すっごく近づいてるけど、くっついてない？

👤 くっつく寸前ってところかな。で、前舌と歯茎の間のせまーいすき間を
空気が通るときに、「シーッ」っていう音が出る。
こんなふうに、上と下の調音器官がかなり近づいて、
空気がそのすき間を通るときに出る音を摩擦音っていう。

🐥 へ〜。

👤 「シーッ」の摩擦音は、「無声・歯茎硬口蓋・摩擦音」っていう名前だよ。

🐥 無声？

👤 そうだよ。
「シーッ」って大きな音が出てるけど、声帯は振動していないからね。

🐥 声は出てないんだ！

👤 だから無声。「歯茎硬口蓋」っていうのは、
前舌が近づく相手が歯茎と硬口蓋の境目あたりだからなんだ。
それじゃ、「無声・歯茎硬口蓋・摩擦音」の記号をIPAの子音の表から見つけてみよう。

🐥 あれ？　ないよ

👤 「その他の記号」のところにあるんだ…

🐥 [ɕ]だ！

👤 正解！

👤 普通の「さしすせそ」の「し」の場合、この摩擦音の後に母音の [i] が続くから [ɕi] と書く。
「しゃ、しゅ、しょ」の子音もこれと同じで、それぞれ [ɕa]、[ɕɯ]、[ɕo] と書く。
「し」以外の「さ、す、せ、そ」の子音の調音位置は「し」よりもちょっとだけ前で、
「硬口蓋」のつかない歯茎音。

😺じゃあ何なの？
👾つまり、「無声・歯茎・摩擦音」[s] だ。
😺ふ〜ん。

👾「さ、す、せ、そ」はそれぞれ [sa]、[sɯ]、[se]、[so] だね。
😺「し」だけ違うのはなぜ？
👾それはちょっと待っててね。
　第 15 章の「様々な音声現象」で出てくるよ。
😺りょ、いや、了解。

👾ここでちょっとだけ注意！
　日本人の中には、「さ、す、せ、そ」の調音位置が歯茎じゃなく歯になる人がいる。
　[s] は歯茎音じゃなくて、無声・歯・摩擦音 [θ] の場合もあるんだ。
　自分の「さ、す、せ、そ」が歯茎音か歯音か観察してみよう。
😺ちょっと細かすぎてわかんない。
👾歯の裏にちょっとだけ塩をつけてみると感じやすくなるよ。
　歯茎には塩をつけないでね。それで「さ」と言ってみよう。どうかな？
😺あっ！しょっぱい！ぼくは歯音だ。
👾ほらね。
　あと、摩擦音はね。閉鎖してないから、息が続く限り長く発音できるんだ。
　[s] ってずっと続けてみて。
😺[sssssssssssssssssssssssssssssssssssssssssssssssssssssssssss..........]
　うっ、もうだめ。
👾閉鎖してないのがわかった？
😺よ〜くわかった。十分わかった！
👾それはよかった。

👾「ざ、じ、ず、ぜ、ぞ、じゃ、じゅ、じょ」については、次回の「破擦音」のところを見てね。
　次回のおたのしみってね。

👾日本語は、「ハ行」でも摩擦音を使うよ。
　「ひ、ひゃ、ひゅ、ひょ」の子音は無声・硬口蓋・摩擦音 [ç]、
　「ふ」の子音は無声・両唇・摩擦音 [ɸ]、
　そして「は、へ、ほ」の子音は無声・声門・摩擦音 [h]。
😺うっそ〜う！「はひふへほ」って 3 種類も違った子音を使ってるんだ！
👾うん。
😺同じに聞こえるよ〜う！
👾まあまあ、その話はおいおいね。

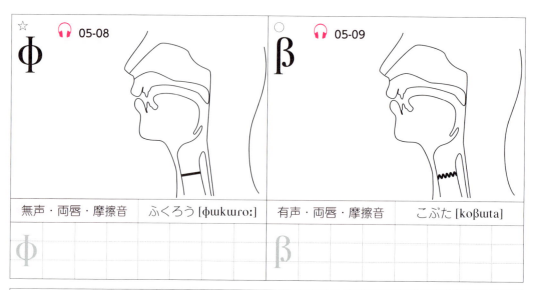

☆ ϕ 🎧 05-08		○ β 🎧 05-09	
無声・両唇・摩擦音	ふくろう [ɸukɯroː]	有声・両唇・摩擦音	こぶた [koβɯta]
ϕ		β	

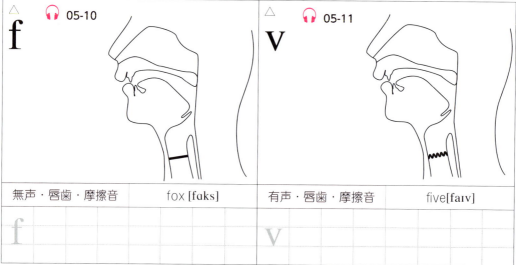

△ f 🎧 05-10		△ v 🎧 05-11	
無声・唇歯・摩擦音	fox [fɑks]	有声・唇歯・摩擦音	five [faɪv]
f		v	

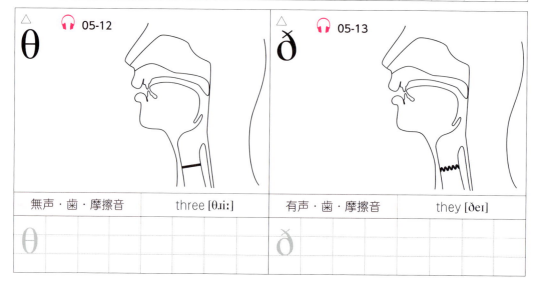

△ θ 🎧 05-12		△ ð 🎧 05-13	
無声・歯・摩擦音	three [θɹiː]	有声・歯・摩擦音	they [ðeɪ]
θ		ð	

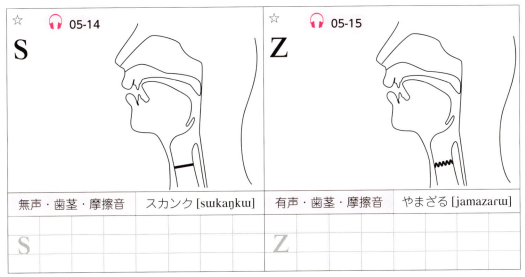

☆ 🎧 05-14 s		☆ 🎧 05-15 z	
無声・歯茎・摩擦音	スカンク [sɯkaŋkɯ]	有声・歯茎・摩擦音	やまざる [jamazarɯ]
s		z	

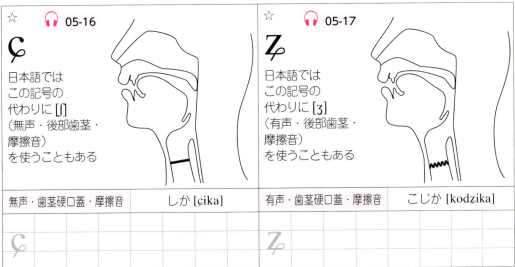

☆ 🎧 05-16 ɕ 日本語ではこの記号の代わりに [ʃ]（無声・後部歯茎・摩擦音）を使うこともある		☆ 🎧 05-17 ʑ 日本語ではこの記号の代わりに [ʒ]（有声・後部歯茎・摩擦音）を使うこともある	
無声・歯茎硬口蓋・摩擦音	しか [ɕika]	有声・歯茎硬口蓋・摩擦音	こじか [kodʑika]
ɕ		ʑ	

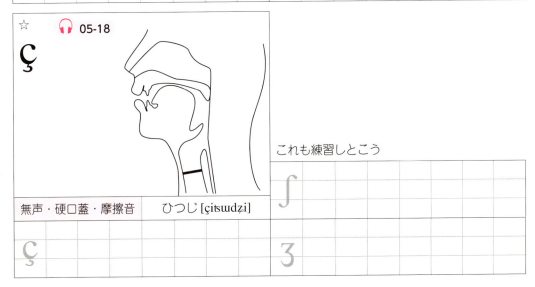

☆ 🎧 05-18 ç			
		これも練習しとこう	
			ʃ
無声・硬口蓋・摩擦音	ひつじ [çitsɯdʑi]		
ç		ʒ	

x

🎧 05-19

[h] をよりハッキリと
聞かせようとすると
出るよ

| 無声・軟口蓋・摩擦音 | はは [haxa] |

ɣ

🎧 05-20

[g] の力が抜けると
出るよ

| 有声・軟口蓋・摩擦音 | てながざる [tenaɣadzaɯ] |

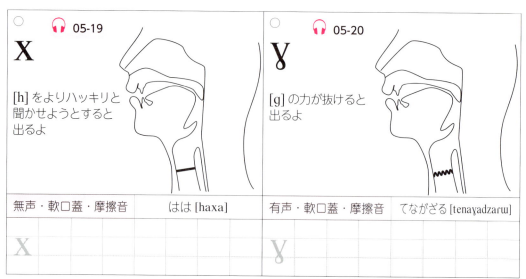

h ☆

🎧 05-21

| 無声・声門・摩擦音 | はりねずみ [harʲinedzɯmʲi] |

ɦ

🎧 05-22

[h] の力が抜けると
出るよ

声帯振動があって摩擦もある。左右の声帯の間は普通、有声音のときよりも少しだけ広いすき間があいている。

| 有声・声門・摩擦音 | はは [haɦa] |

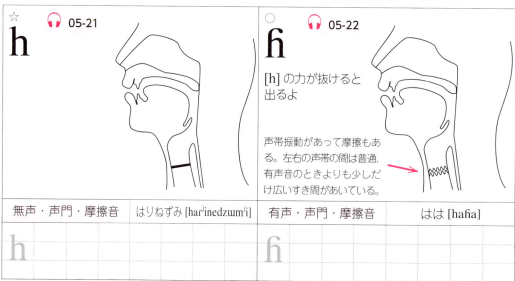

👽 [h] と [ɦ] は口腔の形は狭めがなければなんでも OK。
　 普通はうしろの母音の形になるよ。

▼ クイズ

1. 次の発音記号の(1)声帯振動のあるなし(有声・無声)・(2)調音位置・(3)調音方法を書いてみてね。

　例：[p]　無声・両唇・破裂音

① [t]
② [v]
③ [ɾ]
④ [ɕ]
⑤ [h]
⑥ [k]
⑦ [s]
⑧ [ɸ]
⑨ [z]
⑩ [ʑ]

2. 次の図を見て、あてはまる発音記号を書いてみよう！

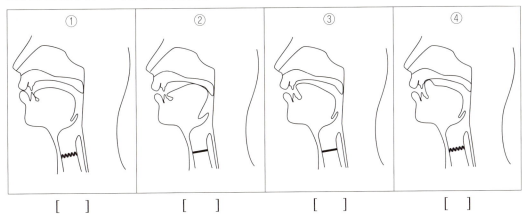

　　［　　］　　　　　［　　］　　　　　［　　］　　　　　［　　］

3. 調音の位置の名前を書いてみよう！

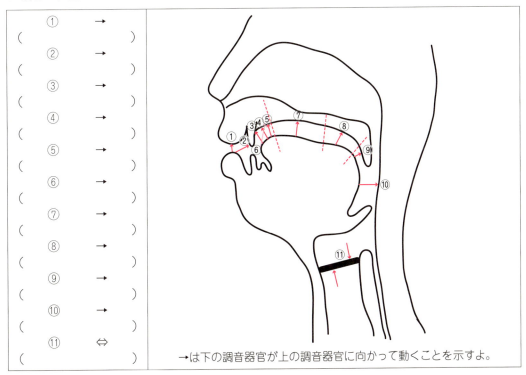

① → (　　　　　)
② → (　　　　　)
③ → (　　　　　)
④ → (　　　　　)
⑤ → (　　　　　)
⑥ → (　　　　　)
⑦ → (　　　　　)
⑧ → (　　　　　)
⑨ → (　　　　　)
⑩ → (　　　　　)
⑪ ⇔ (　　　　　)

→は下の調音器官が上の調音器官に向かって動くことを示すよ。

復習テスト

1. [p] と [b] の調音の位置は？
   ①両唇　②硬口蓋
2. 破裂音は○○があって破裂がある。
   ①口腔の狭め　②口腔の閉鎖
3. [s] と [t] の調音の位置は？
   ①軟口蓋　②歯茎
4. [k] と [s] に共通するものは？
   ①調音方法　②声の有無
5. 息が続く限り続けられるのは？
   ①破裂音　②摩擦音

●**発音記号チェック2**　この課で習った発音記号を入れてみよう。

1. パンダ　[an　a]
2. ぶた　　[ɯ a]
3. とり　　[orʲi]
4. くま　　[ɯma]
5. がちょう [atɕoː]

6. ふくろう [ɯ ɯroː]
7. スカンク [ɯ aŋ ɯ]
8. しか　　[i a]
9. ひつじ　[itsɯdzi]
10. はりねずみ [arʲinedzɯmʲi]

この章で習った発音記号を下の表に入れてみよう！

	両唇	唇歯	歯	歯茎	後部歯茎	そり舌	歯茎硬口蓋	硬口蓋	軟口蓋	口蓋垂	声門
破裂											
摩擦											

左に無声音、右に有声音を入れてね。

まとめ

口腔内の呼気の通り道が**閉鎖**されて、それが**破裂**して開放される音を**破裂音**という。上下の調音器官が近づいてその狭めを空気が通るときに出る音を**摩擦音**という。

ちょっと国試に挑戦

●第1回72　国際音声字母における子音の分類基準に含まれるのはどれか。
a. 声の有無
b. 構音の位置
c. 構音の方法
d. 円唇化の有無
e. 舌の最高位置
  1. a, b, c　2. a, b, e　3. a, d, e
  4. b, c, d　5. c, d, e

解答 1

●第3回71　国際音声記号における子音の分類基準でないのはどれか。
1. 声道における狭めの位置
2. 鼻腔と口腔との結合の有無
3. 気流生成の手段
4. 声帯振動の有無
5. 喉頭の上下位置

解答 5

●第5回71　破裂音でない国際音声字母はどれか。
1. [b]
2. [v]
3. [g]
4. [q]
5. [c]

解答 2

[c]　無声・硬口蓋・破裂音
　　　キ、キャがこの音になることも
[q]　無声・口蓋垂・破裂音
　　　アラビア語などにある

●第6回71　子音の調音点としてIPAにないのはどれか。
1. 軟口蓋
2. 口蓋垂
3. 咽頭
4. 舌根
5. 声門

解答 4

●第7回75　子音の分類基準に含まれるのはどれか。
a. 調音結合
b. 構音様式
c. 構音点
d. 有声・無声
e. 唇の突出の有無
  1. a, b, c　2. a, b, e　3. a, d, e
  4. b, c, d　5. c, d, e

解答 4

●第8回71　IPAにおいて子音の分類基準でないのはどれか。
1. 構音点
2. 構音様式
3. 声の有無
4. 円唇化の有無
5. 気流生成機構

解答 4

●第8回75　日本語の摩擦音にないのはどれか。
1. 両唇音
2. 唇歯音
3. 歯茎音
4. 硬口蓋音
5. 軟口蓋音

解答 2

●第9回75　日本語の破裂音音素にないのはどれか。
1. 有声音
2. 無声音
3. 軟口蓋音
4. 両唇音
5. ふるえ音

解答 5

ふるえ音は調音様式の一つ。
　例 [r]　有声・歯茎・ふるえ音
　　　　　スペイン語とかにあるよ

● 第11回 37　声門の状態が他と異なるのはどれか。
1. [f]
2. [h]
3. [s]
4. [ʃ]
5. [x]

● 第12回 136　構音位置が異なる組み合わせはどれか。
1. [p]------[ɸ]
2. [ŋ]------[ɣ]
3. [k]------[x]
4. [ɾ]------[j]
5. [t]------[s]

● 第13回 36　同じ構音の場所で作られる破裂音と摩擦音との組み合わせはどれか。
1. [d]------[j]
2. [g]------[ɦ]
3. [k]------[ç]
4. [p]------[θ]
5. [t]------[s]

● 第14回 136　「シ」の子音の国際音声記号（IPA）はどれか。
1. [c]
2. [ç]
3. [ɕ]
4. [c']
5. [č]

['] 放出音
[˘] 超分節音素　超短

● 第16回 37　他と異なる関係にある組み合わせはどれか。
1. [b]------[β]
2. [k]------[ɣ]
3. [p]------[ɸ]
4. [q]------[χ]
5. [t]------[s]

[χ]　無声・口蓋垂・摩擦音
　　ハ行で[h]の代わりに発音されることもあるよ

● 第19回 135　[s]の説明として適切なのはどれか。
1. 閉鎖を伴う。
2. 持続性がある。
3. 共鳴音である。
4. 非肺気流音である。
5. 後舌面で作られる。

共鳴音（75ページ参照）

[ɕ]、[ʑ]と[ʃ]、[ʒ]について

　この章では日本語の「し、しゃ、しゅ、しょ」の子音に無声・歯茎硬口蓋・摩擦音の[ɕ]という記号を使っているけど、代わりに無声・後部歯茎・摩擦音の[ʃ]という記号を使っている本などもあるよ。厳密には[ʃ]よりも[ɕ]のほうが調音位置がわずかに後ろだけど、日本語の音声ではどちらも同じ意味で使っていると思っていいよ。どっちが出てきてもあわてないでね。「じ、じゃ、じゅ、じょ」（くわしくは次の章でやるよ）にも有声・歯茎硬口蓋・摩擦音の[ʑ]という記号と有声・後部歯茎・摩擦音の[ʒ]という記号の両方が使われてるんだ。

第6章
発音記号を覚えよう その3

この章で学ぶこと
- 破擦音
- 鼻音
- はじき音
- 側面接近音
- 接近音
- 50音図の発音記号を見てみよう！
- 撥音と促音

1. 破擦音

👤 まずは、破擦音。
破擦音は日本語の「ち」や「つ」に出てくる子音だよ。
「つ」を、ものすご〜くゆっくり「つ…つ…」と言ってみよう。
舌先はどんなふうに動いてる？

🐣 う〜ん。細かいの苦手！

👤 舌先はまず歯茎に密着！ここは破裂音（閉鎖音）と同じ。
でも、次が破裂音と違うんだ。
破裂音は舌先が歯茎からパッと離れるけど、
「つ」の場合は離れかたがゆっくりで、完全に離れる前にしばらくの間、
摩擦音の状態になるんだ。

🐣 へ〜、言われてみるとそんな感じもする。

👤 つまり、「つ」の発音は「破裂音→摩擦音→母音」っていう3つの部分からできてる。

🐣 だから、破・擦・音！

👤 そう。

👤 だけど、最初の破裂音から次の摩擦音への移動がとてもスムーズ。
だから、普通はその2つの部分を合わせて、1つの「破擦音」って呼ぶ。

🐣 そうなんだ。

👤 というわけで、「つ」の最初の子音は「無声・歯茎・破擦音」。

🐷 じゃあ、無声・歯茎・破擦音の記号を IPA の子音の表から見つけてみよう。
🐷 …………。あれ？「破擦音」なんて、表の中にないよ！
🦥 えへへへ。実はね、破擦音の記号っていうのは、ないんだ。
破擦音は前半が破裂音、後半が摩擦音だから、その 2 つの記号を並べて書くことになってる。
だから無声・歯茎・破裂音の記号は [ts]。
🐷 な〜んだ。でも [t] [s] 単品とはちがうんだよね。
🦥 おっ！すばらしいコメントだね。
🐷 うふ。
🦥 「つ」を IPA で書くと [tsɯ] となるね。
日本語の「ち、ちゃ、ちゅ、ちょ」の子音も破擦音だよ。
こっちは無声・歯茎硬口蓋・破擦音で、記号は [tɕ]。

🦥 さてと。問題は「ざ、じ、ず、ぜ、ぞ、じゃ、じゅ、じょ」の子音だ。
🐷 何があるの？　ドキドキ！！！
🦥 これは場合によって、それから人によって、2 種類の発音があるんだよね……
🐷 へ〜。
🦥 まず、言い始め。
いきなり「ざんねん！」とか言うときの「ざ」は、必ず破擦音になる。
無声じゃなくて有声・歯茎・破擦音だ。記号は [dz]。
言い始めの「ず、ぜ、ぞ」の子音も同じ [dz]。
言い始めの「じ、じゃ、じゅ、じょ」の子音は、有声・歯茎硬口蓋・破擦音で、記号は [dʑ]。
🐷 言い始めは違うんだね。
🦥 うん。
それから、「ん」の後も言い始めと同じで、「ざ、ず、ぜ、ぞ」の子音は [dz]、
「じ、じゃ、じゅ、じょ」の子音は [dʑ]。
🐷「ん」はどうして？
🦥 これは、第 12 章で出てくるから待っててね。

🐷 それじゃ、言い始めでも「ん」の後でもない位置では？
🦥 たとえば「ございます」の「ざ」とか、「あじ」の「じ」とか。
こういう場合は、多くの人が破擦音じゃなくて摩擦音で発音する。
🐷 どうして？
🦥 言い始めは力が入るけど、ずっと力入れてたら疲れちゃうだろ。
だから、最初の閉鎖するところを省いて摩擦だけになるって説明がわかりやすいかな。
🐷 人間ってなまけものだね。
🦥 まあね。
🦥「ざ、ず、ぜ、ぞ」の子音は有声・歯茎・摩擦音 [z] で、

「じ、じゃ、じゅ、じょ」の子音は有声・歯茎硬口蓋・摩擦音 [ʑ] だね。

でも、人によってはこういう位置でも破擦音で発音する人もいる。

🧒 へ〜！

👽 それどころか、同じ人が破擦音で発音したり摩擦音で発音したり、ってことすらあるんだ。

🧒 じゃあ、この場合は「絶対これ」とはいえないんだ。

👽 そう、「こんな傾向がある」っていうくらい。

🧒 ふ〜ん。

👽 日本語では、破擦音を使った [dza], [dʑi] などと、摩擦音を使った [za], [ʑi] などを区別してないから、どっちで発音しても困ることはないんだね。

🧒 相手に通じればいいよね。

👽 そう。

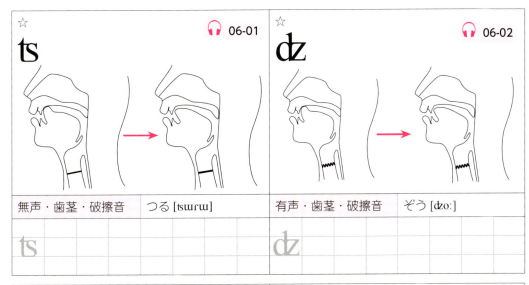

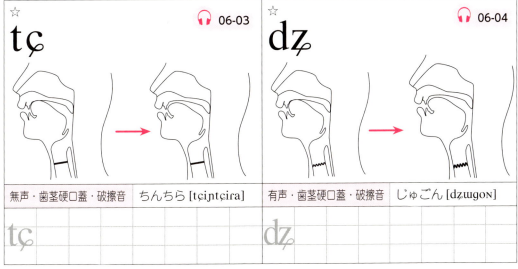

2. 鼻音

🐷 鼻音って？

👨 口の中は破裂音と同じだけど、口蓋帆を下げることによって鼻腔へ呼気が流れている音。
「ば」と「ま」の発音って、どこが違うのかな？
「ばばばばば…」って言って。

🐷「ばばばばば…」

👨 じゃあ次は、「まままま…」って言ってみて。

🐷「まままま…」

👨 2つの発音のしかたを比べてみて。

🐷 う〜ん。「ま」のほうが鼻がむずがゆいかも。

👨 そうだね。どっちも上下の唇が閉じたり開いたりしてるっていう点では同じだけど、
「まままま…」のほうは息が鼻から出てる感じがしない？
鼻の前に指をあててみて！

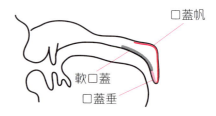

🐷 あっ！「ま」は息が出てる！すごい！

👨 そう！「ば」と「ま」の発音の違いは、「ま」のときには鼻からも息が出てるけど
「ば」のときは出てないんだ。

🐷 でも鼻から息を出すって？

👨「ば」とか「あ」を発音してるときは、
口蓋帆が上にあがって鼻腔への入口をふさいでいる（①の図）。

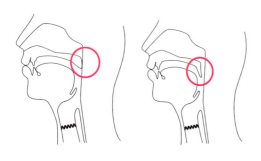

①口蓋帆が上がる　②口蓋帆が下がる

軟口蓋後部＋口蓋垂＝口蓋帆の図

👨 だから息が鼻腔を通ることができない。
でも、「ま」の最初の子音を発音するときは、口蓋帆が下がって鼻腔への入口が開く（②の図）。
だから、唇が完全に閉じていても息は鼻腔を通って鼻から外に出られるんだね。

🐷 そうなんだ。

👨 じゃあ、「だ」と「な」の違いはどうかな？
「だ」の最初の子音は「有声・歯茎・破裂音」。
つまり舌先が前歯茎の裏についてから離れる破裂音だね。

🐷 うん。

👽「な」の最初の子音は？

🐷やっぱり同じように舌先が前歯茎の裏についてから離れる…
けど、舌先が歯茎についているときに同時に息が鼻から外に出ている。
へ〜。息が鼻から出ているっていう点では「ま」の最初の子音と同じだ！

👽そう。
こんなふうに、口腔の中の動きは破裂音と同じだけど、
口腔が閉鎖しているときに口蓋帆が下がって息が鼻腔を通って外に出る子音を**鼻音**っていう。

🐷鼻から息が出ているなんて知らなかった！

👽ところで、「ま」の最初の子音は音声学的に何と呼べばいいかな？

🐷待って！調音位置は [b] と同じで、両唇音。

👽調子いいよ！

🐷両唇が閉じている間からすでに声が出ているから、有声。
ということは…「有声・両唇・鼻音」！じゃない？

👽そのとおり！
じゃあ、IPA の子音の表の中から有声・両唇・鼻音の記号をさがしてみよう。

🐷う〜ん、[m]？

👽そうだね。
だから、日本語の「ま」を IPA で表記すると [ma]。

🐷な〜んだ。つまんない！わりと普通の記号。

👽贅沢いわない。
日本語によく出てくる鼻音にはそのほかに、
「な、ぬ、ね、の」に出てくる「有声・歯茎・鼻音」[n]
「に、にゃ、にゅ、にょ」に出てくる「有声・硬口蓋・鼻音」[ɲ]
「まんが」や「きんこ」の「ん」である「有声・軟口蓋・鼻音」[ŋ]
「パン。」や「ほん。」のように、後に何も来ないときの「ん」の「有声・口蓋垂・鼻音」[ɴ] がある。

👽最後の2つの「ん」の話はちょっと難しいけど、
第16章の「音素」のところでもう少しくわしく見るから、それまで待っててね。

🐷うん。また楽しみが増えたね。

☆ m 🎧 06-05		☆ n 🎧 06-06	
有声・両唇・鼻音	もぐら [moɡɯra]/[moŋɯra]	有声・歯茎・鼻音	ねこ [neko]
m		n	

☆ ɲ 🎧 06-07		☆ ŋ 🎧 06-08	
有声・硬口蓋・鼻音	にんげん [ɲiŋɡeɴ]/[ɲiɲɲeɴ]	有声・軟口蓋・鼻音	あらいぐま [araiɡɯma]/[araiŋɯma]
ɲ		ŋ	

☆ ɴ 🎧 06-09	
ɴ は大文字の N を小文字の大きさに書いてね。	
有声・口蓋垂・鼻音	はくびしん [hakɯbʲiɕiɴ]
ɴ	

もぐら、にんげん、あらいぐまは [ŋ] でも発音できる。
これを鼻濁音というよ。

3. はじき音

🧑 ラ行の子音はいろんな調音のしかたがある。
それらをまとめて「**流音**」とも言うけど、ここではその調音方法をひとつずつ見ていこう。
とりあえず、ラインナップだけ記憶に残して…
まずは、「はじき音」から覚えよう。
はじき音は**下の調音器官が上の調音器官に一瞬触れてまたすぐに離れる子音**のことだよ。
日本語で「あれ」って言うときの「れ」の子音がはじき音だ。

👧 あれ？どれ？

🧑 そう、今のがそうだよ。舌先が歯茎に一瞬触れて、すぐに元の位置に戻ってくるよね。
わかるかな？

👧 ちょっと微妙。

🧑 じゃあ、「あれあれあれ」ってくり返して。

👧 あっ、はじいてる！

🧑 「あれ」の「れ」の子音は「有声・歯茎・はじき音」って言うんだ。
IPA の記号では [ɾ] って書くよ。

4. 側面接近音

🧑 側面接近音の代表は英語の l。
「有声・歯茎・側面接近音」と言って、IPA では [l] の記号で書く。
Lion とかの英語の l の発音のしかた、知ってる？

👧 なんとな～く。ちゃんと教えて！

🧑 そうだね。
まず、舌先を上の歯茎につける。
そのまま息を吐きながら声を出す。以上。

👧 えっ、それじゃ有声・歯茎・破裂音の [d] と同じじゃない？

🧑 あ、そうか。大事なことを言い忘れてた。
舌先は歯茎につけるけど、舌の両わきと奥歯の間は開けておく。

👧 え～！！！

🧑 [d] を発音するときは、舌先も歯茎にピッタリくっついてるし、
舌の両わきも上の奥歯とピッタリくっついてる。
おまけに軟口蓋が上にあがって鼻腔への道が閉じてる。
だから息は口からも鼻からも出ていけない。
舌先を歯茎から離すまでは止まっているんだ。

👧 本当？

🧑 じゃあ、「だ」の「あ」を言う直前で 10 秒止めてみて。

👧 [d…………………] あ～、もうだめ！
舌の両側って閉じてたんだ！初めて気がついた！

👧子音の空気の流れはね、だいたいの場合この [t] や [d] のように
まん中をまっすぐ進むんだけど（**中線的**）、

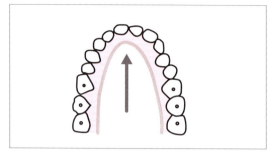

[t]、[d] の時の呼気の流れ　上の歯を下から見上げた図だと思ってね

でも、[l] は、空気の流れが**真ん中は通れないけど、両わきは通れる（側面的）**。
舌先が [l] みたいに上に付くと息はどうなる？

🐷出ない！

👧それが出るんだ。

🐷どうやって？

👧舌の側面から二本ビームのように！だから、「**側面的**」。

🐷え〜。びっくり！

👧こういう子音を**側面接近音**って言う。

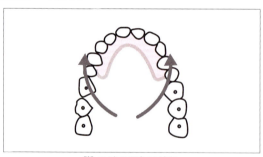

[l] の時の呼気の流れ

👧[l] は、密着しているのが舌先と歯茎。だからそこが調音位置。

🐷じゃあ、[l] は「有声・歯茎・側面接近音」だね。

👧そう。

🐷もしかして、舌先は歯茎についちゃってるけど、
　両わきは離れて接近音になってるから、側面だけ接近音！

👧するどい！「だけ」はいらないけどね。

🐷でも、それは英語の l だよね？　日本語には関係ないんじゃない？

👧いやいや、日本語の「ら、り、る、れ、ろ、りゃ、りゅ、りょ」の最初の子音を、
　ときどき [l] で発音する人がいるんだ。
　いつも必ず [l] で発音する日本人は、おそらくいないけどね。

🐷へ〜。

👤 人によっては [l] を全然使わない人もいる。

🐷 「ラ行、リャ行」の発音は個人差が大きいんだねえ。

👤 あ、ちょっと側面接近音の話からそれるけど、日本語の「ラ行、リャ行」について、もう一言。
言い始めと「ん」の後でははじき音の [ɾ] は発音しにくいんで、
「ラ行、リャ行」の子音を有声・そり舌・破裂音 [ɖ] で発音することがよくある。
そり舌っていうのは調音位置の一種だよ。
舌先が後ろに少しそり返って後部歯茎に接近することを言うんだ（46ページの図の⑤）。
[ɖ] の場合は閉鎖音だから閉鎖するけどね。さっき、側面接近音の [l] のところで、
日本語の「ラ行、リャ行」に [l] を使う人がいるっていったね。

🐷 うん。

👤 [l] を使わないで [ɾ] を使う人もいれば、[l] になったり [ɖ] になったりする人もいる。
いろいろなんだ。

🐷 そんなに違うの？いままで気がつかなかったよう。

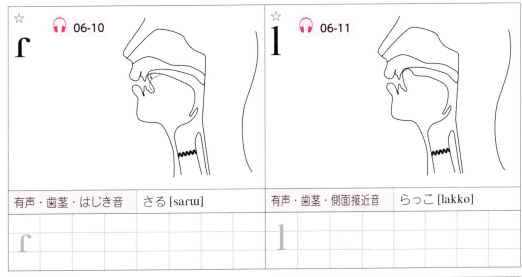

☆ 🎧 06-10
ɾ
有声・歯茎・はじき音 | さる [saɾɯ]

☆ 🎧 06-11
l
有声・歯茎・側面接近音 | らっこ [lakko]

○ 🎧 06-12
ɖ
有声・そり舌・破裂音 | らくだ [ɖakɯda]

流音（りゅうおん）って？

ふるえ音 [r]（いわゆる「巻き舌」）、
はじき音 [ɾ]、側面接近音 [l] などは
音が似ているので、総称として
これらをまとめて「流音」と呼ぶことがあるよ。

[ɾ], [l], [ɖ] の例はどれも発音の一例で
人や場合によって変わる。
ちなみに [r] 有声・歯茎・ふるえ音は
日本語にはないよ。

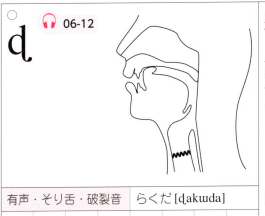

5. 接近音

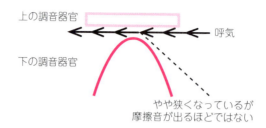

接近音

上の調音器官
下の調音器官
呼気
やや狭くなっているが摩擦音が出るほどではない

🐌 最後は、接近音！ 子音でも口腔の調音位置の開きが広く、母音に近い。

🐷 それってほかの子音に比べて、口の中がより開いてるってこと？

🐌 ま、そうとも言えるかな。
　だから、**半母音**、**半子音**ともいうよ。

🐷 半母音・半子音、なぜ2つ呼び名があるの？

🐌 子音に近い母音であり、母音に近い子音だからかな。
　口腔の中の状態は母音と同じだけど、前に他の母音があったり、
　またそこから他の母音に移ったりするから、
　役割が子音と同じだと考えてこういう呼び名がついたと言っている人もいる。
　下の調音器官が上の調音器官に近づくけど、
　空気が摩擦を起こすほどは狭くならないで発音される。

🐷 あんばいが微妙だね。

🐌 うん。

注意！
① 側面接近音は接近音ではないよ。
② 側面接近音も接近音も IPA では子音あつかいだよ。

🐌 もっと近づいてすき間が狭くなり、摩擦が起きると「摩擦音」。
　それよりもっと近づいて完全にくっついてしまうと「破裂音」っていうわけ。

🐷 で、日本語の接近音にはどんなのがあるの？

🐌 まず「や、ゆ、よ」の最初の子音。
　前舌が硬口蓋に近づいて発音されるんで、「有声・硬口蓋・接近音」って呼ぶ。記号は [j]。
　それから「わ」の最初の子音も接近音。ただし、「わ」の調音位置はちょっと問題でね…
　上下の唇が互いに接近するから「両唇音」だという考え方と、

後舌が軟口蓋に向かって持ち上がるから「軟口蓋音」だという考え方の両方があるんだ。
本当はその両方が起きてる。
だから普通は、「有声・両唇軟口蓋・接近音」って呼ぶことが多い。記号は [w] だよ。
IPAの子音の表から見つけてみよう。
はい、これで調音方法の話はおしまい！たくさんあったね。お疲れさま。

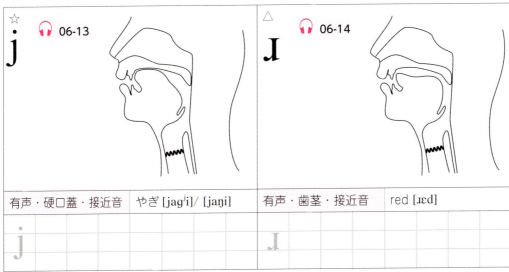

[j] 有声・硬口蓋・摩擦音
　　[j]より少し狭めが狭くなる。スペイン語とかで使うよ。

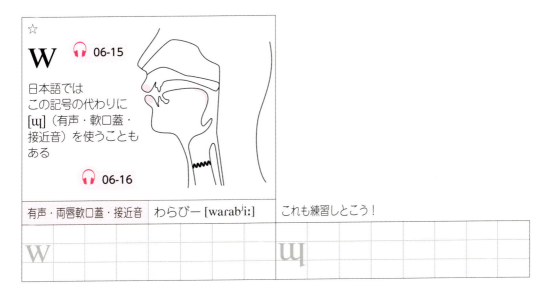

こんな分類もあるよ

阻害音（そがいおん）　例：破裂音、摩擦音、破擦音
共鳴音（きょうめいおん）　例：母音、鼻音、はじき音、ふるえ音、側面接近音、接近音（流音はすべて共鳴音）

▼ クイズ

次の発音記号の(1)声帯振動のあるなし（有声・無声）・(2)調音位置・(3)調音方法を書いてみてね。

① [d]
② [l]
③ [s]
④ [dz]
⑤ [N]
⑥ [tɕ]
⑦ [w]
⑧ [ŋ]
⑨ [ɲ]
⑩ [j]

6. 50音図の発音記号を見てみよう

あ [a]	い [i]	う [ɯ]	え [e]	お [o]			
か [ka]	き [kʲi]	く [kɯ]	け [ke]	こ [ko]	きゃ [kʲa]	きゅ [kʲɯ]	きょ [kʲo]
が [ga]	ぎ [gʲi]	ぐ [gɯ]	げ [ge]	ご [go]	ぎゃ [gʲa]	ぎゅ [gʲɯ]	ぎょ [gʲo]
さ [sa]	し [ɕi]	す [sɯ]	せ [se]	そ [so]	しゃ [ɕa]	しゅ [ɕɯ]	しょ [ɕo]
ざ [dza]	じ [dʑi]	ず [dzɯ]	ぜ [dze]	ぞ [dzo]	じゃ [dʑa]	じゅ [dʑɯ]	じょ [dʑo]
た [ta]	ち [tɕi]	つ [tsɯ]	て [te]	と [to]	ちゃ [tɕa]	ちゅ [tɕɯ]	ちょ [tɕo]
だ [da]			で [de]	ど [do]			
な [na]	に [ɲi]	ぬ [nɯ]	ね [ne]	の [no]	にゃ [ɲa]	にゅ [ɲɯ]	にょ [ɲo]
は [ha]	ひ [çi]	ふ [ɸɯ]	へ [he]	ほ [ho]	ひゃ [ça]	ひゅ [çɯ]	ひょ [ço]
ば [ba]	び [bʲi]	ぶ [bɯ]	べ [be]	ぼ [bo]	びゃ [bʲa]	びゅ [bʲɯ]	びょ [bʲo]
ぱ [pa]	ぴ [pʲi]	ぷ [pɯ]	ぺ [pe]	ぽ [po]	ぴゃ [pʲa]	ぴゅ [pʲɯ]	ぴょ [pʲo]
ま [ma]	み [mʲi]	む [mɯ]	め [me]	も [mo]	みゃ [mʲa]	みゅ [mʲɯ]	みょ [mʲo]
や [ja]		ゆ [jɯ]		よ [jo]			
ら [ɾa]	り [ɾʲi]	る [ɾɯ]	れ [ɾe]	ろ [ɾo]	りゃ [ɾʲa]	りゅ [ɾʲɯ]	りょ [ɾʲo]
わ [wa]	ん [N]						

前のページの表を見て下に写してみよう！

あ	い	う	え	お			
か	き	く	け	こ	きゃ	きゅ	きょ
が	ぎ	ぐ	げ	ご	ぎゃ	ぎゅ	ぎょ
さ	し	す	せ	そ	しゃ	しゅ	しょ
ざ	じ	ず	ぜ	ぞ	じゃ	じゅ	じょ
た	ち	つ	て	と	ちゃ	ちゅ	ちょ
だ			で	ど			
な	に	ぬ	ね	の	にゃ	にゅ	にょ
は	ひ	ふ	へ	ほ	ひゃ	ひゅ	ひょ
ば	び	ぶ	べ	ぼ	びゃ	びゅ	びょ
ぱ	ぴ	ぷ	ぺ	ぽ	ぴゃ	ぴゅ	ぴょ
ま	み	む	め	も	みゃ	みゅ	みょ
や		ゆ		よ			
ら	り	る	れ	ろ	りゃ	りゅ	りょ
わ	ん						

[ʲ] は口蓋化の記号で第15章に出てくるよ。それまでは、とりあえずこの表のとおりに書いてね。
どういう時にこの記号がつくかも考えてみよう。
イ段と拗音に気をつけて覚えよう。

第6章　発音記号を覚えよう　その3

外来語の発音記号（こんな音も書けるようになろう！）

イェ [je]		
ズィ [dzi]	ジェ [dze]	
ディ [dʲi]	ドゥ [dɯ]	デュ [dʲɯ]
ニェ [ɲe]		
ウィ [wi]	ウェ [we]	ウォ [wo]

ヒェ [çe]				
スィ [sʲi]	シェ [ɕe]			
ツァ [tsa]	ツィ [tsʲi]	ツェ [tse]	ツォ [tso]	チェ [tɕe]
ティ [tʲi]	トゥ [tɯ]	テュ [tʲɯ]		
ファ [ɸa]	フィ [ɸʲi]	フェ [ɸe]	フォ [ɸo]	フュ [ɸʲɯ]

これも写してみよう！

イェ		
ズィ	ジェ	
ディ	ドゥ	デュ
ニェ		
ウィ	ウェ	ウォ

ヒェ				
スィ	シェ			
ツァ	ツィ	ツェ	ツォ	チェ
ティ	トゥ	テュ		
ファ	フィ	フェ	フォ	フュ

今後はつなげて単語にしていくよ。

● **発音記号チェック3**　次の語を今習った簡単な発音記号で書いてみてね。

1. あるひ
2. もりのなか
3. しろい
4. おとしもの
5. はなさく
6. ありがとう
7. おもちゃ
8. おまちなさい
9. おれいに
10. かいがら

「おれい」は「おれー」だよ。[ː]（のばす記号）をつけて [eː] にする。
　記号は正式には [ː] だけど、書くときには [:] でいいよ。発音記号には [ ] もつけてね。

7. 撥音と促音

🗣️「ん」と「っ」の発音は**あとにくる音によって変わっちゃう**んだ。

🐷へ〜。

🗣️とりあえず、記号だけ出しとくんで、うしろの音に合わせて変えてみよう。
　くわしいことはおいおいね。

🐷えっ！もしかして、これだけの音を分けて発音してるの？僕？

🗣️うん。

🐷びっくり！
　で、それに気がつかなかった自分にもびっくり！

撥音「ん」の発音

「ん」の後ろにくる音	発音	例
無音	[ɴ]	パン
[p][b][m]	[m]	はんぺん
[t][d][ts][dz][n][ɾ][d]	[n]	てんどん
[tɕ][dʑ][ɲ]	[ɲ]	にんにく
[k][g][ŋ]	[ŋ]	れんこん
[l]	[l̃]	れんらく
[s][z][ɕ][ʑ]	[ĩ]	てんさい
[j][ç][i]	[ĩ]	おんいん
[e][he]	[ẽ]	はんえい
[a][ha]	[ã]	れんあい
[o][ɯ][ho][wa][ɸ]	[ũ̃]	さんおんとう

促音の発音

「っ」の後ろにくる音	発音	例
[p]	[p]	いっぱい
[t][ts][tɕ]	[t]	いっつい
[k]	[k]	いっかい
[s]	[s]	いっさい
[ɕ]	[ɕ]	いっしょ

第6章　発音記号を覚えよう　その3

●発音記号チェック4　次の語を今習った簡単な発音記号で書いてみてね。
今度はちょっと難しいよ。
「ん」や「っ」の発音も入っているよ。

1. くまさん
2. おじょうさん
3. ちょっと
4. イヤリング
5. ちいさな
6. おほしさま
7. かたつむり
8. うちゅう
9. ぞうさん
10. こひつじ

カナ表記との関係 [eː] [oː] に注意！

🐌「おんせいがく」の「せい」ってどう発音する？
👾 [sei] じゃないの？
🐌 よっぽど強調して区切って言わない限り [seː] となるよ。
👾 [ː] ってなあに？
🐌 [e] を長くのばすという意味だよ。つまり、カナ表記は発音と一致してないんだ。
👾「おうじ」[oːdʑi]、「こうえんかい」[koːeŋkai] とかもそうだね。
🐌 うん。
　　発音記号は音声のとおりに表記するので気をつけよう！

実験1　日本語の子音の発音記号を覚えよう！

単語カードに書いてシャッフルして「調音位置」、「調音方法」が
同じペアを探せるまで覚えよう！
名前を覚えるときは教科書の表と同じ順番で覚えよう。

単語カードの書き方

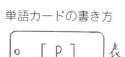

例：無声・両唇・破裂音

両唇・無声・破裂音じゃないよ。
必ず「**声の有無・調音位置・調音方法**」の順番でね。

　　ホームページに発音記号のカルタの札があるよ。
　　印刷して、友達とカルタ会をしよう！

復習テスト

1. [ts] は？
   ①摩擦音　②破擦音
2. [d] と [n] の違いは？
   ①調音の位置　②調音の方法
3. 摩擦音より調音器官が離れている子音はどちら？
   ①破裂音　②接近音
4. 鼻音は口蓋帆が○○？
   ①上がる　②下がる
5. 側面接近音は日本語に？
   ①ある　②ない

●発音記号チェック5　今までに出てきた発音記号で書いてみよう！
発音記号はかなに、かなは発音記号に書きかえよう。

1. [ɲiɲdʑiɴ]
2. [ɾeŋkoɴ]
3. [tendoɴ]
4. [teɨsai]
5. [soɸɯtokɯɾʲiːmɯ]
6. ひとなつのこい
7. たなばた
8. ひこぼし
9. おりひめ
10. あまのがわ

習った発音記号を下の表に入れてみよう！

	両唇	唇歯	歯	歯茎	後部歯茎	そり舌	歯茎硬口蓋	硬口蓋	軟口蓋	口蓋垂	声門
鼻											
破裂											
破擦											
摩擦											
接近											
側面接近											
弾き											
ふるえ											

両唇軟口蓋（　　　）

▼ クイズ

これから読まれる2つの発音はどこが違っているかな？

🎧 06-17

[　]に発音記号を書き、違っているものを選択肢から記号で選んで（　）に入れてね。

① [　　　] / [　　　]（　）
② [　　　] / [　　　]（　）　　選 択 肢
③ [　　　] / [　　　]（　）　　a. 有声・無声
④ [　　　] / [　　　]（　）　　b. 調音位置
⑤ [　　　] / [　　　]（　）　　c. 調音方法

まとめ

破擦音は破裂音と**摩擦音**が続いたような音、**鼻音**は口蓋帆が下がり鼻腔への通り道ができて口腔と鼻腔の両方で共鳴する音。**はじき音**は下の調音器官が上の調音器官に一度だけ触れてすぐに離れる音。**側面接近音**は舌の両側面から気流が出る音。**接近音**は**半母音**、**半子音**とも言われるように摩擦音より上下の調音器官の狭めが**広い**音である。

ちょっと国試に挑戦

● 第1回 70　唇が構音に関与しない国際音声記号はどれか。
1. [p]
2. [m]
3. [u]
4. [w]
5. [n]

解答 5

● 第1回 79　破裂音の音源を作るのはどれか。
1. 声道閉鎖の開放
2. 声道狭めの開放
3. 声帯の振動
4. 声道壁の振動
5. 鼻腔と口腔との連結

解答 1

● 第1回 74　日本語に現れない子音はどれか。
1. 歯茎有声破裂音
2. 歯茎無声破擦音
3. 歯茎側面摩擦音
4. 歯茎鼻音
5. 歯茎弾き音

解答 3

● 第1回 79　破裂音の音源を作るのはどれか。
1. 声道閉鎖の開放
2. 声道狭めの開放
3. 声帯の振動
4. 声道壁の振動
5. 鼻腔と口腔との連結

解答 1

●第2回73　口蓋が構音点に関与しないのはどれか。
1. [h]
2. [k]
3. [n]
4. [s]
5. [w]

解答 1

●第2回75　日本語の「ン」の構音で正しいのはどれか。
1. 後続音に応じて構音点が変化する。
2. 先行音に応じて構音点が変化する。
3. 構音点は /n/ と同じで変化しない。
4. 先行音に応じて構音様式が変化する。
5. 前後の音に応じて構音点が変化する。

解答 1

●第3回75　日本語促音の特徴はどれか。
a. 無声音である。
b. 無音区間を含む。
c. 無声子音の前にだけ生じる。
d. 先行音の構音位置に同化する。
e. 後続音の構音位置に同化する。
　1. a, b　2. a, e　3. b, c
　4. c, d　5. d, e

解答 2

●第4回74　構音点として軟口蓋が関係するのはどれか。
a. [ʃ]　　　d. [h]
b. [ŋ]　　　e. [c]
c. [w]

　1. a, b　2. a, e　3. b, c
　4. c, d　5. d, e

解答 3

●第4回75　「富士山（フジヤマ）」の標準的な発音の IPA 表記として適切なのはどれか。
1. [Fɯdʒiyama]
2. [hudʒijama]
3. [Φɯziyama]
4. [Φɯʒijama]
5. [Fɯ̥dziyama]

解答 4

●第4回81　鼻子音の音源はどれか
1. 声門での摩擦性乱流雑音
2. 閉鎖の開放による破裂性雑音
3. 鼻腔内の摩擦性乱流雑音
4. 口蓋帆の周期的振動
5. 声帯振動による周期的体積流

解答 5

●第5回72　日本語の子音音素でないのはどれか。
1. 無声歯茎音
2. 無声声門音
3. 無声接近音
4. 有声口蓋化音
5. 有声鼻音

解答 3

●第6回72　無声破擦音の特徴はどれか。
1. 声道における狭めの形成と持続
2. 声道の閉鎖に後続する十分な開放
3. 声帯内転に後続する声道の狭めの形成
4. 声道の閉鎖・開放に同期する声帯内転
5. 声道の閉鎖・開放に続く狭めの持続

解答 5

●第6回84　「ん」が [m] と発音されるのはどれか。
1. 母音の前
2. 歯茎音の前
3. ナ行音の前
4. ハ行音の前
5. バ行音の前

解答 5

●第7回78　[m] の音源はどれか。
1. 鼻腔雑音
2. 破擦音源
3. 破裂音源
4. 摩擦音源
5. 有声音源

解答 5

●第8回 72 次のなかで構音点の異なる国際音声記号はどれか。
1. [t]
2. [n]
3. [r]
4. [s]
5. [j]

●第9回 72 同じ構音様式を持つ音を表す国際音声記号の組合せはどれか。
1. [b] --------- [c]
2. [x] --------- [ts]
3. [l] --------- [r]
4. [f] --------- [m]
5. [p] --------- [w]

●第9回 74 下線部の「ン」の音声が他と異なるのはどれか。
1. アンパン
2. コンテナ
3. ザンネン
4. カンゼン
5. ハンダン

●第10回 70 硬口蓋と前舌面との間の狭めが最も著しいのはどれか。
1. [m]
2. [h]
3. [i]
4. [a]
5. [f]

●第10回 71 同じ構音点の子音を三つ含むのはどれか。
1. かさたて
2. かまぼこ
3. はくさい
4. やまのぼり
5. かたぐるま

●第12回 37 口音か鼻音かを決定する器官はどれか。
1. 硬口蓋
2. 口蓋垂
3. 口蓋帆
4. 咽頭
5. 喉頭

●第12回 38 「さんぽ（散歩）」の「ん」の音として現れ得るのはどれか。
a. [m]
b. [ɱ]
c. [n]
d. [ɲ]
e. [ɴ]
　1. a, b　2. a, e　3. b, c
　4. c, d　5. d, e
ヒント：ゆっくり発音すると語末の場合と似てくるよ。

●第13回 37 「フ」の子音として現れ得るのはどれか。
a. [ç]
b. [p]
c. [χ]
d. [h]
e. [ɸ]
　1. a, b　2. a, e　3. b, c
　4. c, d　5. d, e
ヒント：[ɸ] が広くなって [h] になることもあるよ。

●第13回 38 共通語（東京方言）において有声性のみが違う組み合わせはどれか。
a. しんじ（神事）------- しんち（新地）
b. しんじゅ（真珠）----- しんしゅ（新種）
c. しんぞう（心臓）----- しんそう（深層）
d. しんどう（振動）----- しんとう（浸透）
e. しんび（審美）------ しんぴ（神秘）
　1. a, b, c　2. a, b, e　3. a, d, e
　4. b, c, d　5. c, d, e

● 第13回 135　円唇性をもつのはどれか。
  a. [p]
  b. [m]
  c. [ɯ]
  d. [u]
  e. [w]
   1. a, b　2. a, e　3. b, c
   4. c, d　5. d, e

　　　　　　　　　　　　　解答 5

● 第13回 136　有声音のみからなる語はどれか。
  1. ウミガメ
  2. コバンザメ
  3. ニジマス
  4. ボタンエビ
  5. マナガツオ

　　　　　　　　　　　　　解答 1

● 第14回 36　硬口蓋音はどれか。
  1. [k]
  2. [r]
  3. [ŋ]
  4. [j]
  5. [h]

　　　　　　　　　　　　　解答 4

● 第14回 37　タ行の子音で誤っているのはどれか。
  1. 「タ」では無声歯茎破裂音である。
  2. 「チ」では無声歯茎破擦音である。
  3. 「ツ」では無声歯茎破擦音である。
  4. 「テ」では無声歯茎破裂音である
  5. 「ト」では無声歯茎破裂音である。

　　　　　　　　　　　　　解答 2

● 第14回 38　共通語（東京方言）において音声的に子音のみの違いであり得る組み合わせはどれか。
  a. しか（鹿）――――――つか（塚）
  b. ちり（塵）――――――せり（競り）
  c. きみ（黄身）――――――くみ（組）
  d. きしゅう（奇襲）―――せしゅう（世襲）
  e. ひかく（比較）――――くかく（区画）
   1. a, b　2. a, e　3. b, c
   4. c, d　5. d, e
  ヒント：[i]と[ɯ]が無声化するとどうなる？

　　　　　　　　　　　　　解答 2

● 第14回 135　鼻音性をもたないのはどれか。
  1. [m]
  2. [n]
  3. [ŋ]
  4. [g]
  5. [ã]

　　　　　　　　　　　　　解答 4

● 第15回 36　下線部の子音の構音位置も構音様式も異なる組合わせはどれか。
  1. やま――――はま
  2. ばら――――たら
  3. つみ――――すみ
  4. こい――――とい
  5. まく――――なく

　　　　　　　　　　　　　解答 1

● 第15回 135　「しらかば（白樺）」の共通語の発音として最も標準的なのはどれか。
  1. [silakaba]
  2. [siɾakaba]
  3. [siɾakaba]
  4. [çiɾakaba]
  5. [çiɾakaba]

　　　　　　　　　　　　　解答 5

● 第15回 137　日本語（共通語）の発音にない構音様式はどれか。
  1. 破裂音
  2. 摩擦音
  3. 鼻音
  4. 弾き音
  5. ふるえ音

　　　　　　　　　　　　　解答 5

● 第16回 36　舌先を用いるのはどれか。
  a. [θ]
  b. [ʃ]
  c. [ɸ]
  d. [f]
  e. [h]
   1. a, b　2. a, e　3. b, c
   4. c, d　5. d, e

　　　　　　　　　　　　　解答 1

第6章　発音記号を覚えよう　その3

● 第16回 38　下線部の子音が必ず閉鎖を伴うのはどれか。
1. ま<u>ず</u>い
2. し<u>ぜ</u>ん
3. はな<u>ぢ</u>
4. つ<u>づ</u>き
5. お<u>ど</u>り

解答 5

● 第16回 39　同じ構音位置の子音を3つ含むのはどれか。
1. ふきぬけ（吹き抜け）
2. かやぶき（茅葺き）
3. たかなみ（高波）
4. さかだる（酒樽）
5. ひやむぎ（冷麦）

解答 4

● 第16回 135　持続して発音できないのはどれか。
a. [l]
b. [ŋ]
c. [nʲ]
d. [ts]
e. [w]
1. a, b　2. a, e　3. b, c
4. c, d　5. d, e

解答 5

● 第18回 37　構音位置も構音方法も異なる組合せはどれか。
1. [s] ――――― [t]
2. [ʃ] ――――― [f]
3. [m] ――――― [k]
4. [g] ――――― [ŋ]
5. [ɾ] ――――― [z]

解答 3

● 第18回 136　子音の産出について誤っているのはどれか。
a. 摩擦音は声帯振動を伴わない。
b. 両唇破裂音では閉鎖区間において口腔内圧が高まる。
c. 破擦音では破裂の直後に摩擦区間が存在する。
d. はじき（弾き）音では閉鎖が生じる。
e. 接近音の方が摩擦音より狭めの程度が大きい。
1. a, b　2. a, e　3. b, c
4. c, d　5. d, e

解答 2

● 第19回 36　国際音声記号（IPA）で構音法に該当しないのはどれか。
1. 破裂音
2. 両唇音
3. 破擦音
4. 摩擦音
5. はじき（弾き）音

解答 2

● 第19回 37　共通語（東京方言）の「洗面器」として適切なのはどれか。
1. [semmenki]
2. [seɴmenkʲi]
3. [semmeŋkʲi]
4. [seŋmeŋkʲi]
5. [ʃeɴmenkʲi]

解答 3

● 第20回 135　[t]と[n]で異なるのはどれか。
a. 声帯振動
b. 構音の場所
c. 声門での気流の向き
d. 口腔内の接近の度合い
e. 軟口蓋（口蓋帆）の高さ
1. a, b　2. a, e　3. b, c
4. c, d　5. d, e

解答 2

第16回 135　この問題にちょっと解説
　ちょっと考えるとa〜eのすべて持続して発音できそうだけど、[ts]はのばすと[s]になってしまうし、[w]はのばすともはや接近音（半母音）ではなく母音の[u]になってしまうんだ。

第7章 音を目で見てみよう

この章で学ぶこと
- 音声を見る？
- 音響分析入門
- WaveSurfer の使い方

1. 音声を見る？

🐌 ところで、音声を観察する方法のひとつに分析ソフトを使って「目で見る」ってのもあるよ。

🐤 えっ、音って目に見えるの？

🐌 すぐに想像できないかな？
じゃあ、声紋って聞いたことある？

🐤 ○○サスペンス劇場とかで声から犯人を捜すのに使っている？

🐌 そうそう、あれあれ。本当は「サウンドスペクトログラム」とか、製品名を使って「ソナグラム」とか呼ばれているものだよ。

🐤 でも、なんか特別な機材を使わなくちゃだめ？とかとっても難しいんじゃない？
ドラマじゃ研究所でやってるしぃ。おうちじゃ無理じゃない？

🐌 昔はね。
今じゃ音響分析のフリーソフトとパソコンがあれば簡単におうちで見れるんだ。
それに、分析方法も基本は結構簡単。
ちょっとトレーニングしたらプロ並みだよ。

🐤 本当！

🐌 で、ちょっと試してみようと思わない。

🐤 そんなに簡単なの？　やるやる。

🐌 じゃあ。いくよ！

2. 音響分析入門

🐌 さあさあ始まり始まり、といっても、だいたい音響分析ってなにものなの？
どんなことするの？
言語障害の臨床ではどんな時に使えるの？

次々とはてなじるし？？？でいっぱいだよね。
大丈夫！
まずは簡単なところから見てこう！

🐣このテキストで扱う音響分析は以下の3つに分かれるよ。

① **波形・サウンドスペクトログラム分析**

各音の特徴を勉強しよう。

このテキストでは、母音や子音の性質をこれらを眺めながらみていくよ。

② **分節ラベルのつけ方**

文中の各音の境界線をつけるトレーニングをするよ。

①で習ったことを総動員してどこまでがどの音かを目でわかろう！

③ **ピッチ分析**

アクセントとかイントネーションなど人の感じている音の高低が曲線になって見られる。

いろいろな音がつながって高低がどんなふうに変わるかが目で見えるよ。

🐣音響分析について、これ以外にも勉強しなくちゃいけないことがあるけど、

それは「音響学」とか、「聴覚心理学」って分野で扱うからここでは深入りしないよ。

特に音響学を勉強してからもういちど音声学の内容を見直すといろいろなことがわかる。

🐥へ～。

🐣とりあえず、このテキストでは「音響分析入門」ということで簡単なところだけさらっとね。

それだけでも音声学を学ぶのが楽しくなるよ。

🐥そんな気がする。ワクワク！

3.WaveSurfer の使い方

実験1　WaveSurfer の基本的な使い方

WaveSurfer という無料の音響分析ソフトをインストールして、
以下の4つの基本動作を覚えよう！
①音声の録音・保存の仕方　②音声ファイルの開き方
③テンプレートの作り方　④画面の印刷の方法

■**準備するもの**

① パソコン

ここでは、Windows 版で説明するけど、Mac でも使えるよ。

② 録音するためのヘッドセット

練習でいろいろと録音するのにマイクと音声を聞くためのヘッドホンが必要！

とりあえず、チャット用とかのマイクつきのもので大丈夫。

ゲーム用のものが結構高性能だよ。
USBで接続するものだと雑音が減っていいんだ。（ちょっと高いけどね）
本当に患者さんの音声を分析するときは録音室で録音したり、
録音機材も音質がいいものを使おう！

手順1　まずはソフトのインストール！

KTHというスウェーデンの研究所が作っているソフトだよ。
無料でダウンロードできるんだ。（2019現在、v.1.8.8p5）　ありがたいね。
ダウンロードしたら、Zip形式で圧縮してあるので、解凍ソフトで解凍！

←そして、wavesurfer.exeのファイルをダブルクリックして立ち上げよう。
　　とっても簡単だよ。

手順2　音声の録音・保存の仕方！

まず、使用するコンピュータが立ち上がる時に音が出てるかな？
出ていれば、そのまま音声が再生できるから大丈夫。
①出てない場合は、画面下のツールバーにある「ボリュームコントロール」を調節しよう。
　右下のツールバーの「スピーカーの絵のアイコン」をクリックすると出てくるよ。

↑ここを左クリックするとスピーカーの音量が調節できる。

スピーカーがミュートになっていると音が出ない。×のところをクリックして音を出そう。

②録音できない場合も「録音デバイス」を調節。

　　同じく、右下のツールバーの「スピーカーの絵のアイコン」をクリックすると出てくる。

厳密にはいろいろと気をつけたほうがいいことがあるけど、おいおいということで…
とりあえず、マイク端子（マイクの絵が描いてある）にマイクをつなぐ。
マイク付きヘッドホンの場合も「マイクの絵のあるジャックをPCのマイク端子」につなごう。
マイクが反応しているかも確かめよう。

WaveSurfer本体のボタンは左から順番に以下のようになってるよ。

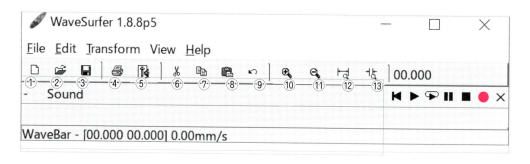

① 新規作成（新規に録音する時に使う）
② ファイルを開く（すでにある音声ファイルを開く時に使う）
③ 上書き保存
④ 印刷
⑤ ボリュームコントロール
⑥ 切り取り
⑦ コピー
⑧ 貼り付け
⑨ もとに戻す
⑩ ズームイン
⑪ ズームアウト
⑫ ファイル全体をウィンドウいっぱいに表示
⑬ 選択した部分をウィンドウいっぱいに表示

■まずやっておくこと！

①録音する時のサンプリング周波数を16000Hzにする（デフォルトは48000Hz）

　メニューから File → Preferences → Sound I/O で以下のタブを選択します。

　New sound default rate　　48000Hz → **16000Hz**

②録音チャンネル2→1（ステレオ録音→モノラル録音　ステレオだとピッチ曲線が出ません）

　New sound default channels 2（ステレオ録音）→ **1**（モノラル録音）にする。

　「OK」のボタンで確定します。

■ボタンの役割を覚えよう！

①ウィンドウの最小化
②ウィンドウの大きさ変更
③ウィンドウを閉じる

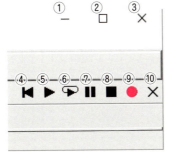

④再生中に最初に戻る
⑤再生
⑥繰り返し
⑦一時停止
⑧停止
⑨録音
⑩ウィンドウを閉じる

■手順

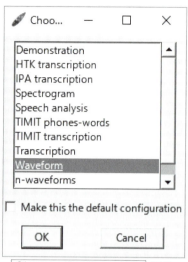

Choose Configuration の窓

①マイクをＰＣのマイク端子（マイクのマークがついているところ）に挿す。ぬけているとエラーが出るよ。

② wavesurfer.exe をダブルクリックして立ち上げる。
File→New（新規作成）または一番左の「白紙の絵」 のボタンをクリックして Choose Configuration の窓を出す。
Choose Configuration の窓から、今回は Waveform （波形を表示）を選び、OK のボタンで確定。
とりあえず、Waveform で開いておくと
録音の様子がよく見えて便利！

③ PC モニターの右下の音量コントロール 🔊 が適切であることを確認。

④まず、赤いボタン ● を押して録音開始。

⑤録音できたら、停止ボタン ■ を押して止める。

⑥再生ボタン ▶ を押して録音できているか確かめる。

⑦録音後は File→Save as... で名前をつけて保存。
　文字化けしないようにファイル名はローマ字にしておこう！
　拡張子は .wav にしておこう（MS WaveFiles を選択）。

 注意！

録音したファイルがどこにいったかわからなくならないように、
「デスクトップ」に保存するといいよ。

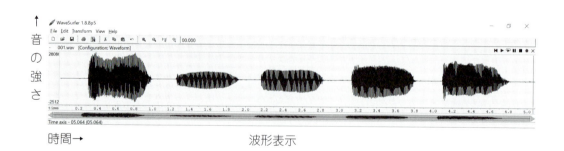

時間→　　　　　　　　　　波形表示

波形は横軸が時間、縦軸が音の強さを表しているよ。
波形の縦の幅を見て、振り切れない程度に大きな声で録音しよう。
振り切れた部分が少しでもあると音響分析できなくなる。この点だけは気をつけてね。

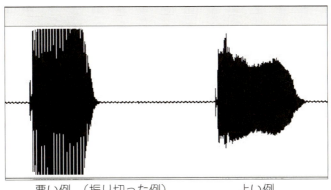

悪い例（振り切った例）　　　よい例

　手順3　音声ファイルの開き方！　　　🎧 07-01

①音声ファイルを用意しよう（今回はとりあえず、サポートサイトの音声ファイルを使おう）。
【ファイルをダウンロードする時】
右クリック→対象をファイルに保存→名前をつけて保存→デスクトップに保存
注意！　ファイルがどこにいったかわからなくならないよう、
　　　　　ダウンロードしたファイルは、まずはデスクトップに保存。
② File → Open （ファイルを開く）または、
　左から2番目の「黄色いフォルダー」📂 のボタンを押す。
③ Open file のウィンドウから、デスクトップに置いたファイルを選択。
④右下の「開く」のボタンをクリック。
⑤ Choose Configuration のウィンドウから、 Waveform （波形を表示）を選び、
　「OK」のボタンで確定。

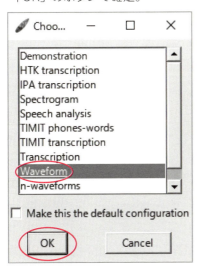

裏技！

ファイルを開いた時、ファイルの内容がかたまって
ウィンドウいっぱいに表示されないことがある。
その時は、右上の「ウィンドウの大きさを変えるボタン」 を
何度か押すとちゃんと表示される。試してみよう。

■画面構成を確認しよう！

Waveform で開いたところ

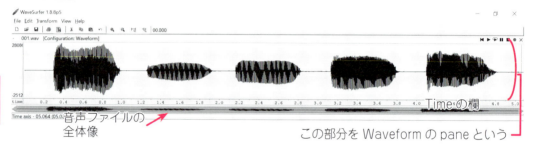

音声ファイルの全体像　　　この部分を Waveform の pane という　　　Time の欄

① まず、一番下の細い波形が録音したり読み込んだりした音声ファイルの全体像だよ。
　　いつも最初から最後までが表示されている。
② このファイルのうち、Waveform の pane でドラッグして選択した部分が
　　網かけになって①の帯に示される。
　　この選択した部分はマウスでつまんで左右に動かすことができる。
　　Time(時間)の帯で何秒と見つつ、Waveform の pane 上で選択してから
　　細い波形の帯の濃いグレーの部分を移動させると、
　　同じ時間間隔でファイルの別の部分を見ることができる。
　　下の全体の帯（①）には、Waveform の pane 上でドラッグして
　　選択した部分が網かけに、窓を移動させて現在 Waveform の pane に見えている部分が
　　濃いグレーになって示される。
　　今どこにいるか迷子になった時は、いつもこの全体の波形（①）をみよう。

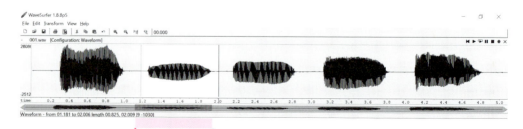

↑ Waveform の pane 上でドラッグして選択した部分（網かけ）

③ Waveform の pane でドラッグして選択したあとに、一番右のボタン ↔ を押すと Waveform の帯全体にその部分を拡大表示できるよ。

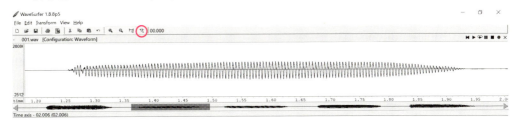

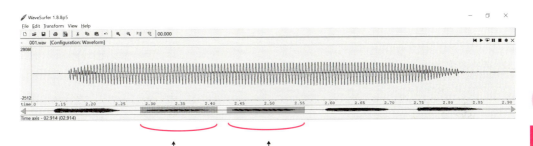

↑ 最初ドラッグして選択した部分（網かけ）　　↑ 今、Waveform の pane に表示されている部分（濃いグレー）

④ もとに戻すのには、マイナスの虫めがね 🔍 のボタンを何回か押すか、右から2番目のボタン ⊢⊣ で全体表示。

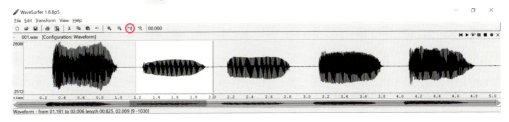

 手順4　テンプレートの作り方！

WaveSurfer を使う時、自分の調べたい分析項目の窓が一気に立ち上がると便利だよね。
よく使う、Waveform（波形）・Spectrogram（サウンドスペクトログラム）・Pitch Contour（ピッチ曲線）の入ったテンプレートを作っとこう！
WaveSurfer を立ち上げて…画面上で右クリックして、上から以下の順番に pane（窓）を開こう！

裏技1！

二つのpaneがあって、その間にもう一つのpaneを入れる時には、
下のpaneの上にマウスを持っていって、右クリックする。
そうしないと、新しいpaneが、二つのpaneの間ではなく上にできてしまうので注意！
（これはかなり職人技。忍耐力が必要だよ！）
間違って作ってしまったら、消したいpaneの上で右クリックして、
Delete paneで消す。

① Create pane → Waveform
（波形を表示、Time Axisという時間の目盛りの窓もついでに出てくる）

② Time Axisの上で右クリック→ Create pane → Spectrogram （スペクトログラムを表示）

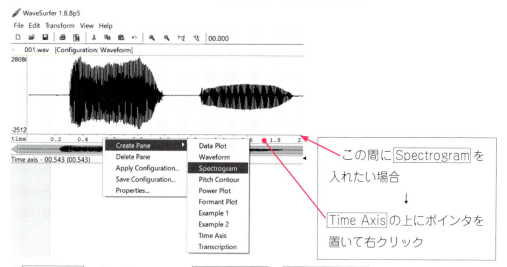

③ Time Axisの上で右クリック→ Create pane → Pitch Contour （ピッチ曲線を表示）
④ Time Axis上で右クリック→ Create pane → Transcription
（ラベルファイルを表示→分節ラベリング用）それぞれの分析用ウィンドウの背景色の
デフォルトは灰色。Waveform・Pitch Contourは白に変えておこう。
（その方が見やすいよね…印刷もしやすい）
該当のpaneの上で右クリック、次にリストから Properties... をクリック。
Pane のタブから Background color の Choose のボタンのところをクリック。

カラーパレットから白を選択→OKをクリック。もう一度OKで確定。

⑤どこのpaneの上でもいいので、画面上で右クリックしてSave Configurationでテンプレートの名前をつけて（もちろんローマ字で。とりあえず今回はonsei_1としておこう）、テンプレートを保存する。

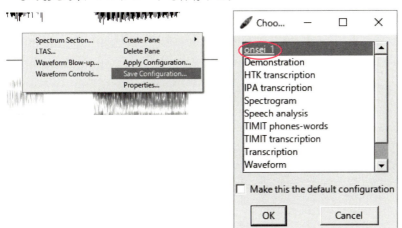

そうすると、次回、音声ファイルを開こうとする時、Choose Configurationの窓にこのテンプレート名が出るから、そこでonsei_1を選べば、上記の作業をしないで一気に全部の窓を開くことができるよ。

⑥でき上がったら、ちゃんと開けるかどうか試してみよう！

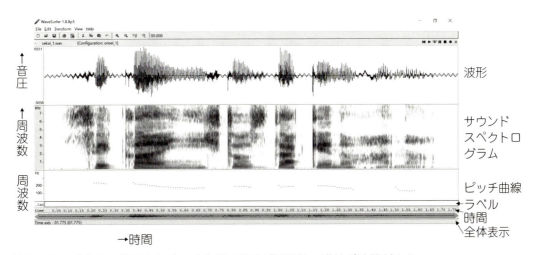

サウンドスペクトログラムとピッチ曲線は縦軸が周波数、横軸が時間だよ！
ピッチ曲線では周波数が人に聞こえる音の高さを表してるよ。
これも知っとくとあとで便利！

こんな技も！

ある部分を選択して、|ハサミのボタン|を押すと切り取ることができる。
あとで他のところに貼りつけできる。
また、ある部分を選択して、|Edit|→|Selection to New|で、選択した部分だけが
新しいファイルとして別の窓に立ち上がるよ。でも、その後、|File|→|Save as...|で
別の名前をつけて保存しておかないと消えてしまうので注意！

手順5　分析画面の印刷方法！

WaveSurfer の英語のマニュアルを見ると、Ghostscript を使って印刷すると書いてある。
でも、インストールするのも面倒だし、実際に、この方法でやってみてもすごくきれいに
印刷できるというわけではないので、以下のように|Print Screen|でコピーする方法を使おう。
（こっちの方が簡単だし、縮小しなければずっときれいだよ）

■印刷の仕方

裏技２！

①印刷したいウィンドウを選択し、|Alt|+|Print Screen|でコピー。
　|Print Screen|の位置と使い方は PC によって違うからよくキーボードを見てね。
② MS Word を立ち上げ、
　（ファイル→ページ設定→余白→横→ OK　にしたほうが大きく貼り付けられる）
　　コピーしたものを、ホーム→貼り付け（または、|Ctrl|+|V|）で貼り付ける。
③ MS Word の
　|ファイル|→|印刷|→|プリンターの名前を選択|　で印刷をする。

ウインドウをそのまま印刷しない場合は、Windows に標準でついている「ペイント」という
画像ソフトで保存(スタート→すべてのプログラム→ Windows アクセサリ→ペイントにあるよ)。

■ペイントの使い方

裏技３！

ペイントの下準備として…

①変形 → キャンバスの色とサイズ → 幅 50 ピクセル、高さ 50 ピクセル　など
　キャンバスの大きさを小さくしておくと貼り付けたあと余白が残らずきれい
　になるよ。
②|Print Screen|でコピーしておいた画面を|貼り付け|（または、|Ctrl|+|V|）で

貼り付ける。

　　　大きすぎた場合は、サイズ変更で適度な大きさに縮小。

　　　ただし、縦横の比は絶対に変えないようにする。

③選択のボタンで画面の必要な部分だけを選択し、編集 → コピーでコピー。

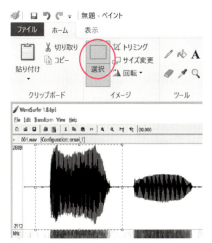

④ Word を立ち上げ、この画像ファイルを貼り付け。

> **実験2**　　自分の声を分析してみよう
>
> 自分の声で「あ」「い」「う」「え」「お」を１つずつ区切って録音してみよう！
> あとで分析しやすいように、できるだけ同じ高さの音で平らに言ってみよう。
> onsei_1 のテンプレートを出して「ピッチ曲線」を見ながら録音するといいよ。

 ## 復習テスト

1. 波形が縦に大きくなると…

　①音が強くなる　②音が高くなる

2. ピッチ曲線は何に使える？

　①音色の違い　②アクセント・イントネーション分析

3. 波形の横軸は？

　①音の高さ　②時間

4. サウンドスペクトログラムの横軸は？

　①時間　②周波数

5. ピッチ曲線の縦軸は？

　①時間　②音の高さ（周波数）

●**発音記号チェック6**　　今までに出てきた発音記号で書いてみよう！
発音記号はかなに、かなは発音記号に書き替えよう。

1. [dzoɲiũɸɯmʲi]
2. [çiroɲtɕɯpʲɯ]
3. [gʲaɕɯẽhe]
4. パンダ
5. あんぱんまん
6. てんし
7. とんかつ
8. かっぱまき
9. チューリップ
10. せきせいいんこ

> **まとめ**
>
> 　WaveSurfer という無料の音響分析ソフトを使うと、音声を目で見ることができる。この章では、**音声波形・サウンドスペクトログラム・ピッチ曲線・ラベル**を縦にならべて表示するテンプレートを作った。

第 **8** 章

母音を見てみよう　その1

> **この章で学ぶこと**
> ・音と波の話
> ・音声波形を見てみよう

1. 音と波の話

🗻 まずは、音について基本的な知識をちょっと見てみよう。

ちょっと波の話

🗻 音は空気を伝わって、聞き手の耳に伝わるけど、
音の伝わる様子を波で表すことができる。
時報の時に聞くピーという音（**純音**というよ）を波で表すとこんな具合。

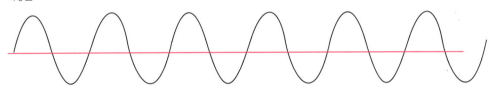

時間→

じゃあ、この波の特徴を表す用語を覚えよう。
まずは、**周波数**。
この波の1回のくり返しが1秒間に何回あるかを周波数というよ。
単位は **Hz**。

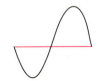

これが1回のくり返し！

次に1回のくり返しについてみておこう！

同じ1回のくり返しを2通りの方法で見てみよう。

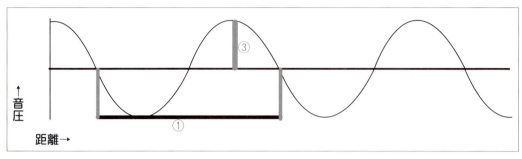

横軸の①の部分は「**波の1つの繰り返し**」を表してる。
この長さ（距離）を「**波長**（は ちょう）」という。（単位：m）

同じグラフで横軸を「時間」に変えると。

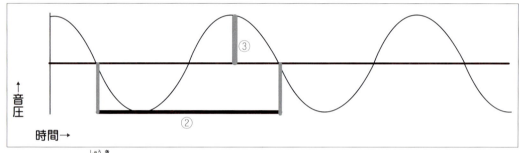

②の時間を「**周期**（しゅう き）」（単位：秒）というよ。
③の部分（波の縦の長さ）を「**振幅**（しんぷく）」と呼ぶ。
振幅は**音の強さ**を表しているんだ。

まとめると…

🔔音の場合

くり返しが多い
　　……周波数が高い→音が高い

くり返しが少ない
　　……周波数が低い→音が低い

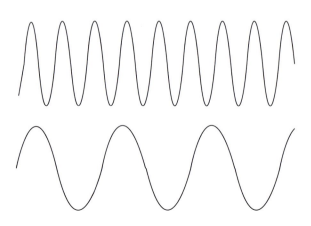

振幅が小さい
　　……音が弱い

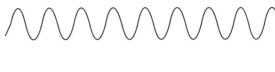

振幅が大きい
　　……音が強い

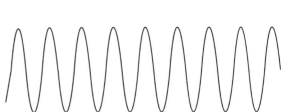

あいうえおの波って？

👤実はあいうえおの波は一見複雑にみえるけど、今やった**純音に分解できる**んだ。

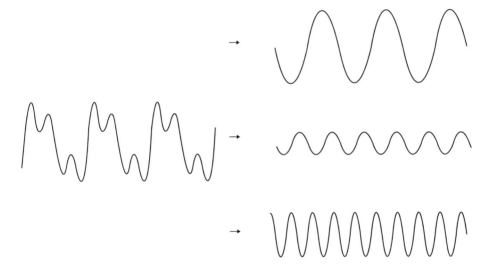

これをやってくれるのが音声分析ソフト。

ある音にどんな高さ（周波数）の純音がどのくらいの強さ含まれているかを出してくれるんだ。

2. 音声波形を見てみよう

🐰 さあ、おまちかね！ 本題に入ってきたよ。
まずは、音声波形から始めようね。

> **実験1**　母音を録音してみよう。
>
> WaveSurferを立ち上げて、前回作ったonsei_1のテンプレートを開き、
> 「あ」、「い」、「う」、「え」、「お」と録音してみよう。続けて発音しないで一つずつ句切ろう。
> 抑揚をつけずに平板に発音してね。
> 姿勢を正しくしてあごはあまり引きすぎないようにするといいよ。
> （第7章でうまく録音できていればそれを使ってもいいよ）

こんなふうになったかな？

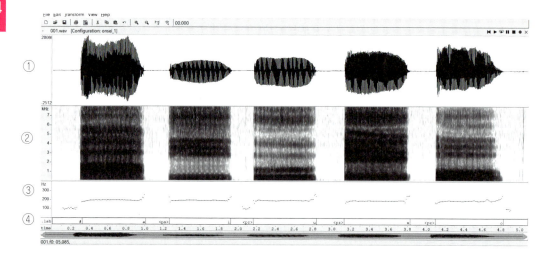

上のテンプレートの図で一番上の列から
- ①**音声波形**
- ②**サウンドスペクトログラム**
- ③**ピッチ曲線**
- ④**ラベル**

（今はまだなんにも入ってない。あとでやるよ。）
だということをまず確認しておこう。

あと、すべての列の横軸は「時間」だということもね。
録音すると左から右に波形が流れていくのがわかるよね。

横軸に沿って長いとその音は「時間が長い」ってことだよ。
で、本題の音声波形だけど…
縦に長くなると「音の強さが強い」ってことなんだ。
大きな声で録音すると波形が縦に長くなる。
小さな声で録音すると波形が縦に短くなる。
ぁ～、あ～、あ～と発音してみよう。
やってみて！
こんなふうになったかな？

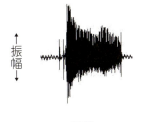

😈 波形の縦の長さのことを「**振幅**」というよ。
　　振幅は「音の強さ」（**音圧**）を表すんだ。
🐷 波形の横軸は時間の流れを表して…おしまい？
　　なあんだ、音の強さしか表してないんだ。たいしたことないね。
😈 じゃあ、波形を拡大してみよう。
　　それぞれの音の特徴が見えるよ。

実験2　母音の波形を見てみよう。

実験1のそれぞれの母音の波形を拡大して見てみよう。

モデル音声の [a]（拡大波形）

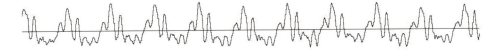

モデル音声の [i]（拡大波形）

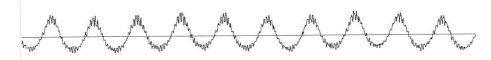

モデル音声の [ɯ]（拡大波形）

モデル音声の [e]（拡大波形）

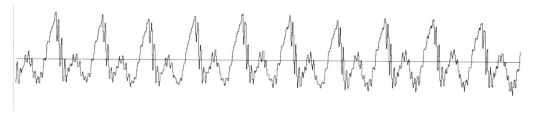

モデル音声の [o]（拡大波形）

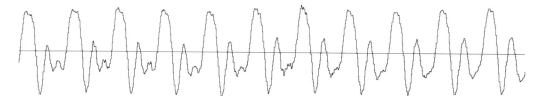

😺 こんな感じだよ。

拡大してみると、「あ」、「い」、「う」、「え」、「お」でそれぞれ波の形が違うのがわかるよね。

🐷 うん。

😺 ぎざぎざの感じも違うし。5音ともとっても違うよね。

でも、共通していることがひとつあるよ。それはな〜んだ？

🐷 う〜ん。難しいなあ。

😺 ヒント、それぞれの波形は何も規則性がないかな？

なんか似てるところない？

🐷 あっ！「繰り返しがある！」

規則はなんだかわからないけど。どの音も「同じ波形を繰り返している」！

😺 そう！大正解！

それぞれの母音の波の特徴は違うけど、どれも複雑な波が繰り返しているね。

いいこと教えてあげようか？

この繰り返しの数だけ「声帯は振動してる」んだ！

だから、この繰り返しの数を数えると声帯を見なくてもどのくらい声帯振動があるかがわかる！

🐷 すっご〜い！

😺 この繰り返しの数を数えて、声帯振動数を見てみたいと思わない？

この「1秒間の繰り返しの数」を**基本周波数**または **f0** というよ。

これも覚えとこう。

じゃあ、いってみよう！

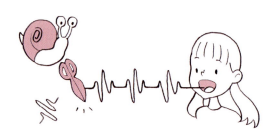

注意！

f0 の f は普通、小文字で書くよ。
あとで出てくるフォルマント（F）が大文字なので区別するためだよ。

実験3 基本周波数（f0）を測定してみよう。

「あ」「い」「う」「え」「お」の 1 秒間の波形の繰り返しの数を数えてみよう。

■実験の手順

🎙 録音用ヘッドセットで直接 PC に取り込むよ。
「あ」「い」「う」「え」「お」を 1 つずつ抑揚をつけずに同じ高さに発音して録音する。
さっきやったね。
「あ」「い」「う」「え」「お」それぞれの波形の起動部、定常部（真ん中の安定しているところ）、
終動部の 0.1 秒分の波形を拡大する。
テンプレートの一番下の時間の帯を見てみて。ここから 0.1 秒分の波形を選択してそれを
「画面いっぱいに拡大」のボタンを使って拡大するよ。
0.1 秒は 10 倍すると 1 秒間だよ。
その中に同じ波形がいくつ繰り返されているかを調べて **10 倍しよう**。

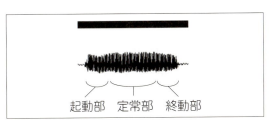

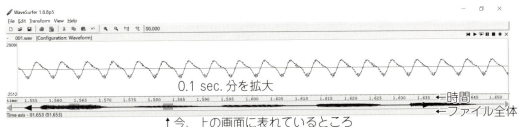

繰り返されている回数 × 10 ＝基本周波数

自分の声の測定が終わったら異性の友達の声を録音して、男性の声と女性の声を比較しよう。
始動部・定常部・終動部はどうなっているかな？
気がついたことを書き出してみよう。

■モデルの母音　🎧 07-01

	ア	イ	ウ	エ	オ
始動部	＿＿Hz	＿＿Hz	＿＿Hz	＿＿Hz	＿＿Hz
定常部	＿＿Hz	＿＿Hz	＿＿Hz	＿＿Hz	＿＿Hz
終動部	＿＿Hz	＿＿Hz	＿＿Hz	＿＿Hz	＿＿Hz

■自分の母音

	ア	イ	ウ	エ	オ
始動部	＿＿Hz	＿＿Hz	＿＿Hz	＿＿Hz	＿＿Hz
定常部	＿＿Hz	＿＿Hz	＿＿Hz	＿＿Hz	＿＿Hz
終動部	＿＿Hz	＿＿Hz	＿＿Hz	＿＿Hz	＿＿Hz

■（男性・女性）の母音

	ア	イ	ウ	エ	オ
始動部	＿＿Hz	＿＿Hz	＿＿Hz	＿＿Hz	＿＿Hz
定常部	＿＿Hz	＿＿Hz	＿＿Hz	＿＿Hz	＿＿Hz
終動部	＿＿Hz	＿＿Hz	＿＿Hz	＿＿Hz	＿＿Hz

復習テスト

1. 1回の波の繰り返しが1秒間に何回あるかを何と言う？
　　①周波数　②振幅
2. 音の強さは何で表す？
　　①周波数　②振幅
3. 音の高さは何で表す？
　　①周波数　②振幅
4. 基本周波数は何を表している？
　　①舌の動きの回数　②声帯振動数
5. 基本周波数は男女で違いが…
　　①ある　②ない

●発音記号チェック7　今までに出てきた発音記号で書いてみよう！
発音記号はかなに、かなは発音記号に書きかえよう。

1. [tsɯŋɡʲaɯ̃ho]
2. [bʲaɲɲaçoɴ]
3. [ʥeĩsɯ̃ɯ̃wa]
4. こんにゃく
5. じゃんけん大会
6. みんみんぜみ
7. どんでんがえし
8. こもちししゃも
9. きゅうりょうび
10. たんすちょきん

> **まとめ**
>
> 　純音の波の1秒間のくり返しの数を**周波数**といい、単位は **Hz** を使う。**周波数**が高い、つまり数値が大きいと**高い**音になり、数値が小さいと**低い**音になる。この波の上下の幅を**振幅**といい、これは音の**強さ**を示している。
>
> 　波の1つのくり返しで進む距離を**波長**、1つのくり返しにかかる時間を**周期**と呼ぶ。
>
> 　母音は複雑だが周期性のある波によって表され、いくつもの純音に分解することによって分析される。もとの複雑だが周期性のある波の1秒間のくり返しの数を**基本周波数**または **f0** という。

第9章

母音を見てみよう その2

この章で学ぶこと
- サウンドスペクトログラム
- フォルマント周波数って？
- 狭帯域分析・広帯域分析をしてみよう

1. サウンドスペクトログラム

実験1　5母音の音響的特徴を観察しよう。

日本語の5母音のサウンドスペクトログラムを見てみよう。
また、フォルマント周波数を見てみよう。

サウンドスペクトログラムってなあに？

🐻テンプレートで2段目に出てるのがサウンドスペクトログラムだよ。
縞々模様の段だよ。
これで何がわかるって？
いろんなことがわかるんだけど。
とりあえず、5母音の特徴の違いを見てみようね。

🐻パッと見て何が違う？

縞模様が違う！

🐻そうそう。当り！
縞模様はどうなってる？

よくわかんない。

🐻この「縞模様の位置」ってのがとっても大事なんだ。
以下の実験で「縞模様の位置」を調べてみよう。
母音のサウンドスペクトログラムの縞模様の濃くなってるところを
「**フォルマント**」っていうんだ。
このフォルマントの位置を調べてみよう。

ちなみに、サウンドスペクトログラムの縦軸は「周波数」（音の高さを表すよ）だよ。
どんな高さの音がどのくらいの強さで入っているかを示しているんだ。

🔴 濃いところが強いってこと？

🤖 そう。

🔴 じゃあ、濃いところはよく聞こえるの？

🤖 そうだよ、だから濃いところが重要なんだ。

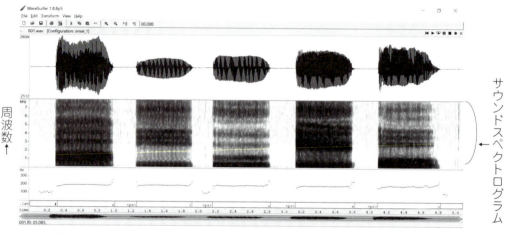

→時間

2. フォルマント周波数って？

実験2 フォルマント周波数の測定

モデル音声の「あ」「い」「う」「え」「お」と自分の「あ」「い」「う」「え」「お」の
フォルマント周波数を測定してみよう。

🤖 **フォルマント周波数**とは？

→声道による共鳴周波数のこと（第3章を見てね）。

周波数の低い方から

F1（第1フォルマント）、F2（第2フォルマント）、F3（第3フォルマント）…と呼ぶよ。

一般に、母音はF1とF2によって弁別されると言われているんだ。

つまり、F1とF2がわかれば、

この母音は「あ」「い」「う」「え」「お」のうちどれか？ってことがわかる。

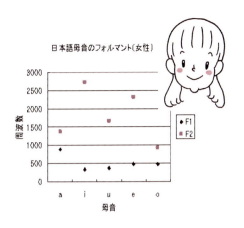
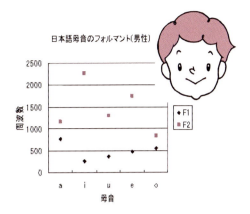

フォルマント周波数の平均はこんな感じ

『第二版 言語聴覚士指定講習会テキスト』医歯薬出版 2001 p.169 の表1の数値を使用（p.31 を再掲）

■実験の手順

① 🎧 07-01 の音声を使って、WaveSurfer で、
日本語5母音のフォルマント周波数を見てみよう！

② 自分の声で「あ」「い」「う」「え」「お」を録音して、フォルマント周波数を見てみよう！
周波数の低い方から第1フォルマント、第2フォルマント
（それぞれ F1、F2 と略して書くよ）を記録しよう。

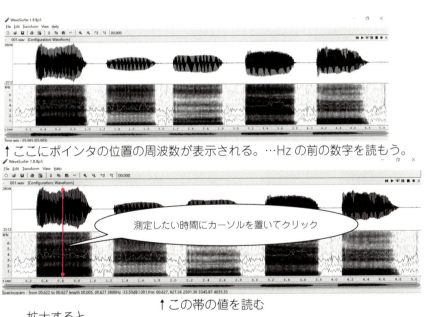

↑ここにポインタの位置の周波数が表示される。…Hz の前の数字を読もう。

測定したい時間にカーソルを置いてクリック

↑この帯の値を読む

拡大すると

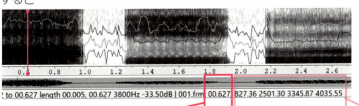

クリックしたところの時間情報　　F1 F2 F3 F4 の順に表示される

③ まず（開く）から、前回録音した「あいうえお」の音声ファイルを Waveform で開く。
スペクトログラムは、テンプレートを作ったときみたいに、spectrogram で見るのが普通だけど、初めてだからどこを見ていいかわからないよね。
WaveSurfer さんに助けてもらおう！

④ Waveform と Time axis の間に Formant Plot という pane を入れるよ。
覚えてる？ Time axis の上で右クリック→Create pane→Formant plot だよ。
そうすると、Spectrogram と４色の線を出してくれる。
下から、赤（F1）、緑（F2）、青（F3）、黄（F4）を探してくれるんだ。
今回は、赤（F1）と緑（F2）の値を読むよ。

⑤ 測定したい時間（母音の真ん中の安定しているところ）でクリック！（動かさないでね）、
すると Time axis の下（つまり一番下）にたくさん数字が出る。
右側の４個の数字が左から F1、F2、F3、F4 だよ。

⑥ モデルの音声、自分の音声の測定が終わったら、男性と女性の音声の比較もしてみよう。

■モデルの母音

	ア	イ	ウ	エ	オ
F1	___Hz	___Hz	___Hz	___Hz	___Hz
F2	___Hz	___Hz	___Hz	___Hz	___Hz

■自分の母音

	ア	イ	ウ	エ	オ
F1	___Hz	___Hz	___Hz	___Hz	___Hz
F2	___Hz	___Hz	___Hz	___Hz	___Hz

■（男性・女性）

	ア	イ	ウ	エ	オ
F1	___Hz	___Hz	___Hz	___Hz	___Hz
F2	___Hz	___Hz	___Hz	___Hz	___Hz

実験3　フォルマント周波数が表すもの

自分の5母音のフォルマント周波数を以下の図にプロットしてみよう。
他のデータから極端にはずれていなければほぼ正確に測定できているよ。
この図にはどんな特徴があるか考えてみよう。

みんなで測定したF1とF2を集計してみるとこんなふうになるよ！
F1とF2の**ゼロの位置が右上に来ているグラフだってことに注意**！
発音記号のところで習った何かに似てない？
口を開けながら（笑）よ～く見てみて。

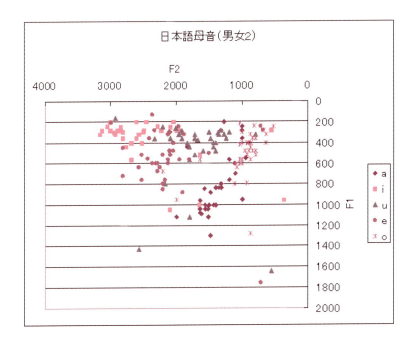

まとめると…
口の開きが広くなるとＦ１が高くなる
口の開きが狭くなるとＦ１が低くなる
舌の山の位置が前に移動するとＦ２が高くなる
舌の山の位置が後に移動するとＦ２が低くなる

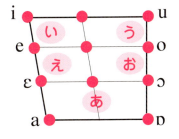

3. 狭帯域分析・広帯域分析をしてみよう

余裕があったらこれも見とこう。
サウンドスペクトログラムの狭帯域分析と広帯域分析の違いを
観察してみよう！WaveSurfer では自分で設定しないと
いけないので、以下の説明を読んでやってみてね。

狭帯域分析　広帯域分析

狭帯域分析・広帯域分析の設定の仕方

広帯域分析 （Wide band）	**時間分解能を高めた**分析方法。 周波数分解能は低くなる。 →フォルマントの時間的変化の観測に向いている
狭帯域分析 （Narrow band）	**周波数分解能を高めた**分析方法。 時間分解能は低くなる。 →アクセントやイントネーションなど 　声の基本周波数に関する観測に向いている

① WaveSurfer を立ち上げよう。
② 音声ファイルをテンプレート onsei_1 で開く。
③ Spectrogram の Pane の上で、右クリック
④ Properties → Spectrogram のタブ
　（→右の図を参照）を選択。
⑤ 以下のところを変更する。

典型的な例を見てみよう！
■狭帯域分析の場合
1) Properties のいちばん上の FFT window
　 length を 1024 にする。（ここは2のべき乗
　 でなければならない）。
2) 上から3段目、右の Window を 1024 にする。
3) 下の Apply ボタンをクリック。（Analysis
　 bandwidth は自動的に約 16Hz に変わる。
　 サンプリング周波数 16000Hz の場合）

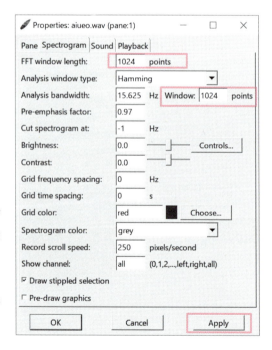

■広帯域分析の場合
1) Properties のいちばん上の FFT window length は 1024 のまま。
　 2) の Window の値以上であればよい。)

2）上から3段目、右の Window を 128 にする。
3）下の Apply ボタンをクリック。（Analysis bandwidth は自動的に約 125Hz に変わる。サンプリング周波数 16000Hz の場合）

⑥スペクトログラムを比べよう。
⑦自分の「あいうえお」のファイル（過去の録音）を狭帯域分析・広帯域分析で見てみよう！

復習テスト

1. フォルマント周波数は○○周波数から第1、第2と決まっている。
    ①高い　②低い
2. 人は母音を聞き分けるのにどのフォルマント周波数を使っている？
    ① F1 と F2　② F2 と F3
3. フォルマント周波数は何と関係がある？
    ①声帯振動数　②声道の共鳴
4. 母音の中で、狭母音は第1フォルマントが？
    ①高い　②低い
5. 広帯域分析は何に使う？
    ①アクセント・イントネーションの分析　②フォルマント周波数の時間変化の観察

●発音記号チェック8　　今までに出てきた発音記号で書いてみよう！
発音記号はかなに、かなは発音記号に書きかえよう。

1. [ɕaĩɕiðaɴ]
2. [pʲɯ̃çoːdʑokʲo]
3. [ɲimbʲantsɯ]
4. ちゃんこなべ
5. 筑前煮
6. さくらんぼ
7. 富士山麓
8. 給食当番
9. タンタン麺
10. マンドリン部

> **まとめ**
>
> 　母音をサウンドスペクトログラムによって分析すると、声道の形によって強められた周波数成分が母音ごとに違うのがわかる。これを**フォルマント周波数**といい、低い方から**第1フォルマント、第2フォルマント**、第3フォルマント…と呼ぶ。人は**第1フォルマントと第2フォルマント**によって母音を聞き分けている（なお、第3フォルマント以上は個人性に関わる情報が含まれているといわれている）。

ちょっと国試に挑戦

●第1回80 母音弁別を左右する主要因はどれか。
1. 基本周波数
2. 第1、第2倍音の周波数
3. アンチホルマント周波数
4. ホルマント周波数
5. ピッチ

●第7回72 広帯域サウンドスペクトログラフでの測定に適さないのはどれか。
1. 分節音の持続時間
2. 母音の無声化
3. ホルマント周波数
4. 子音の破裂の有無
5. イントネーション

●第18回41 母音のホルマントに関して誤っているのはどれか。
1. [a]に比べて前舌母音の第2ホルマント周波数は高い。
2. [a]に比べて広母音の第1ホルマント周波数は高い。
3. [i]に比べて[u]の第2ホルマント周波数は低い。
4. [a]に比べて[i]では第1ホルマントと第2ホルマントの周波数が近づく。
5. [a]に比べて[u]の第1ホルマント周波数は低い。

●第19回41 狭帯域サウンドスペクトログラムでの観察が適しているのはどれか。
1. 母音のホルマント（フォルマント）
2. 音節長
3. 摩擦性
4. 発話速度
5. イントネーション

●第20回41 東京方言の成人女性話者による5母音それぞれのホルマント（フォルマント）周波数の平均値を図に示す。「ア」はどれか。
1. A
2. B
3. C
4. D
5. E

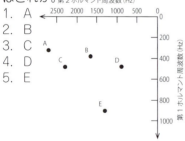

第10章 子音を見てみよう その1

> **この章で学ぶこと**
> ・発音記号の復習
> ・パラトグラムを見てみよう
> ・声帯の動いている様子を観察しよう

1. 発音記号の復習

● 発音記号チェック9 　今までに習った簡単な発音記号で書いてみよう！

1. 写真(しゃしん)
2. 飛行機(ひこうき)
3. キャラメル
4. 腕時計(うでどけい)
5. ランドセル
6. 綱(つな)わたり
7. 一番(いちばん)
8. おもちゃのマーチ
9. 電動自転車(でんどうじてんしゃ)
10. 旅行会社(りょこうがいしゃ)
11. りんごジュース
12. ヨットレース
13. アイドル歌手(かしゅ)
14. ペンケース
15. 茅ヶ崎市立図書館(ちがさきしりつとしょかん)
16. 商店(しょうてん)
17. グレープフルーツ
18. 写真機(しゃしんき)
19. 星空(ほしぞら)
20. 夕刊(ゆうかん)
21. 自動車(じどうしゃ)
22. ニュース
23. 昼休(ひるやす)み
24. 一番目(いちばんめ)
25. 銀杏(ぎんなん)
26. チョコレート
27. プリクラ
28. てんぷら
29. たまちゃん
30. なつみかん
31. いよかん
32. ミュージカル
33. 商店街(しょうてんがい)
34. パソコン入門(にゅうもん)
35. 人魚姫(にんぎょひめ)
36. 竜宮城(りゅうぐうじょう)

全部できたかな？
試験に向けて、よおーく復習しとこう。

2. パラトグラムを見てみよう

👧パラトグラムって知ってる？

　発音してるとき、舌が口蓋(こうがい)に触っているところを調べる方法だよ。

　ある人の [t] と他の人の [t] では触れている位置や面積にちょっと差がある。

🐥へ〜！おもしろそう!!

👧じゃあ、みんなで調べてみよう！

> **実験1**　パラトグラムの観察
>
> それぞれの音を調音するとき、舌が口蓋にどのように触ってるかを調べてみよう。

■用意するもの

抹茶ミルクの素（例：「辻利」抹茶ミルクを使用）
　→きな粉は水に溶けないのでこの実験には向かない！
水あめ・アイスクリーム用スプーン
焼肉用エプロン・デンタルミラー・普通の手鏡（合わせ鏡用）
ペンライト・紙コップ

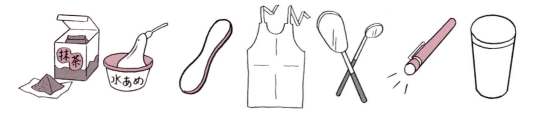

■実験の手順

① 紙コップの中で「抹茶ミルクの素」を少量の水でといたものを水あめを加えて練る。
② **舌全体に**均等に塗る。
③ 観察したい音を発音する。
④ 口蓋のどの部分に「抹茶」が付いたかをデンタルミラーで観察する。
　　ペンライトで照らしながら、合わせ鏡で見るとよく見えるよ。
⑤ ワークシートに「触れた場所」を記入しよう。

まずは、5母音をひとつずつ発音し、接触した部分を記録する。
次に [t] と [s] を観察して、それ以外は各自で観察したい子音を決めよう。
二人のグループで観察し、個人差も見てみよう。

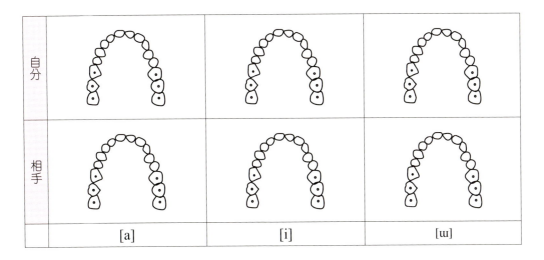
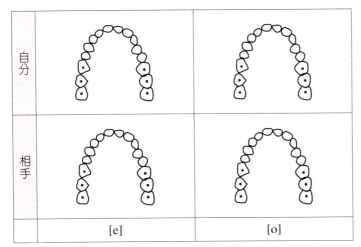

第10章 子音を見てみよう その1

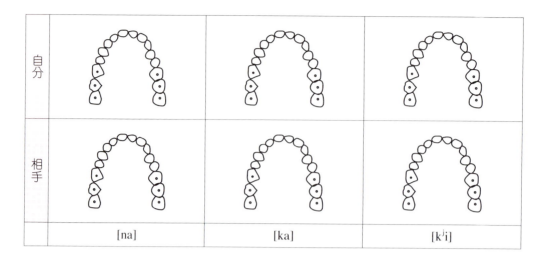

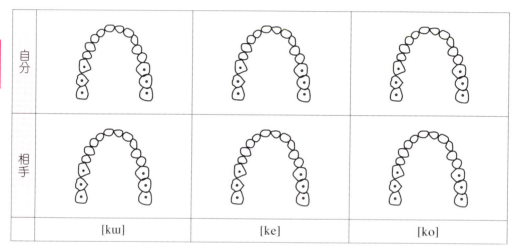

🐛 124 ページにモデル図をのせておいたよ。

3. 声帯の動いている様子を観察しよう

実験2 声帯の観察ビデオを見よう（リンク先は巻末）。

ストロボ撮影のビデオを見て、声帯の動きを観察しよう。
話しているとき、歌を歌っているとき、声の高さを変えているときはどうなっているか、見てみよう！

復習テスト

1. [s] は [t] よりパラトグラムにおける接触面積が…
   ①広い　②狭い
2. 母音は子音に比べて接触面積が…
   ①広い　②狭い
3. 中央で接触面が途切れているのは？
   ① [t]　② [s]
4. [t] とほぼ同じ場所なのは？
   ① [m]　② [n]
5. [kʲi] と [ka] はどちらが接触面積が大きい？
   ① [kʲi]　② [ka]

● 発音記号チェック10　　今までに出てきた発音記号で書いてみよう！
発音記号はかなに、かなは発音記号に書きかえよう。

1. [ɛaɲtɕɯŋkʲo]
2. [rʲɯːĩçaɨsa]
3. [tɕoĩjɯɲdziɴ]
4. 祇園（ぎおん）まつり
5. 炭酸飲料（たんさんいんりょう）
6. わんこそば
7. 遊園地（ゆうえんち）
8. 七転び八起き（ななころびやおき）
9. くりきんとん
10. パン売り場（ば）

まとめ

　発音するときに舌が口蓋に接触している部分を調べる方法に**パラトグラム**がある。調音器官の閉鎖をともなう**破裂音**はもちろん、口腔の狭めによって出る雑音を音源とする**摩擦音**も接触面があることが多い。ただし、個人差が大きく、同じ音を調音しても同じ接触面にならないことも多い。

ちょっと国試に挑戦

● 第5回 70　パラトグラムで構音点が観察できる子音はどれか。
　a. 両唇音
　b. 歯茎音
　c. 側面音
　d. 軟口蓋音
　e. 声門音
　　1. a, b　2. a, e　3. b, c
　　4. c, d　5. d, e

解答 3

● 第17回 135　パラトグラフィで識別できる音の対はどれか。
　1. ナ ── ニ
　2. ハ ── パ
　3. タ ── ダ
　4. サ ── ソ
　5. ア ── オ

解答 1

121～122 ページのモデル

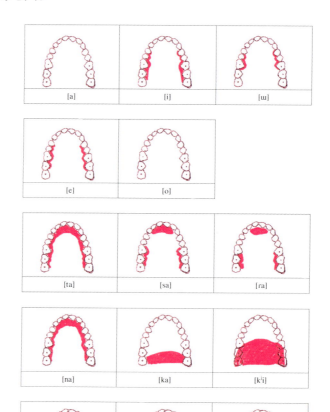

第11章 子音を見てみよう その2

> **この章で学ぶこと**
> ・破裂音の特徴
> ・破裂音の不思議1　VOT
> ・破裂音の不思議2　ローカス

1. 破裂音の特徴

> **実験1**　破裂音の特徴を見てみよう。　 11-01　 11-02
>
> 日本語の破裂音の波形とスペクトログラムを観察してみよう！
> 口腔の閉鎖→破裂→呼気の開放　の過程を見てみよう。

破裂音の特徴の観察

① WaveSurfer を立ち上げる。
② 日本語で「あぱ・あた・あか」「あば・あだ・あが」を録音する。
　→摩擦音にならないように多少はっきりと発音しよう。
③ Save as でデスクトップに保存。
④ Choose Configuration のウィンドウから、
　以前に作ったテンプレートの onsei_1 でファイルを開く。
⑤ Transcription の Pane に分節ラベリングをしてみよう！
⑥ alt+print screen で、現在選択の画面をコピーする。
　さらに MS Word に貼り付け、プリントアウト。

問1
有声子音・無声子音の違いを見つけよう。どのような違いがある？

問2
前後の母音のフォルマントの変化を比較しよう。どのようになっている？
前の母音どうし、後の母音どうしを比較しよう。

🐌 3つともちょっと違ってないかな。
　同じ「あ」を発音したはずなのに…

ヒント！

スペクトログラムの下の方を眺めてみると見つかるはず…
自分の結果で違いがよく見えない人は、
モデル音声の結果や他の人の結果も参考にしよう！

🐌録音した音の順番に気をつけて、よく音を聞くこと！

分節(ぶんせつ)ラベリング

🐌「**分節ラベリング**」とは、**単音ごとの境界線を示すラベルをつけること。**
各音の特徴を調べる前段階のため、音の長さを測定するためなどに
分節ラベリングができると便利だ。
今回の授業では、国立国語研究所・情報通信研究機構（旧通信総合研究所）・東京工業大学が
共同開発した『日本語話し言葉コーパス』の分節ラベリングマニュアルを
授業用に簡略化したものを使うよ。
音声学で習った発音記号を、ちょっと簡略化して、
キーボードで打ち込める文字だけで表現してる。
イ段の口蓋化や撥音の異音は理解したうえで、同化現象として簡略化するよ。
→せっかく覚えた発音記号と混同しないように…（ちなみに国試には、この記号は出ません！）
でも知っておくと、音声の分析をしたくなったとき、将来使えるかも。
特に、音声障害や健常の方とは違ったリズムの分析にはよさそう。
がんばって使えるようになろう！

　ラベルの打ち込み方、消し方

技1！
各音のラベルは、WaveSurfer の Transcription の pane にマウスのポインターを
持っていって、一度クリック、そうするとキーボードから文字が打ち込めるよ。
→デフォルト（初期設定）では、打ち込んだ文字はラベルをつけた線の左側に来るようになっている。

a |

打ち込んだラベルは、マウスで選択して左右に移動させることができる。
打ち込んだ文字のところにカーソルを持ってくると、文字を消して書き直すことができる。

ラベルを1つ消したいときは、
Transcription の pane の上で、右クリックで一覧が出てくるよ。
そこから Delete label を選択すると一番近いラベルが消える。
なれないとなかなか消えない、ちょっと技が必要！
がんばって練習しよう！

以下がその「発音記号との読み換え表」です。

a i u e o		開始	#
ka ki ku ke ko	kja kju kjo	閉鎖	<cl>
ga gi gu ge go	gja gju gjo	ポーズ	<pz>
sa si su se so	sja sju sjo	長音	H
<cl>,za <cl>,zi <cl>,zu <cl>,ze <cl>,zo	<cl>,zja <cl>,zju <cl>,zjo	促音	Q
ta <cl>,ci <cl>,su te to	<cl>,ca <cl>,cu <cl>,co	撥音	N
da de do		無声化	大文字を使う、u なら U を使うよ
na ni nu ne no	nja nju njo		
ha hi hu he ho	hja hju hjo		
ba bi bu be bo	bja bju bjo	摩擦音化	大文字を使う、g なら G を使う
ma mi mu me mo	mja mju mjo		
ja ju jo			
ra ri ru re ro	rja rju rjo		
wa			

① 今回の破裂音「あぱ」の例では…
   # 　　　語頭、サンプルの最初
   a 　　　最初の母音 a の最後
   <cl> 　閉鎖部分の最後、つまり破裂のバーストの直前
   p 　　　破裂音 p の終わり
   a 　　　2番目の母音 a の最後
   の5個のラベルをつけてみよう。
② ラベルは、Transcription の pane にポインターを持っていって、右クリック。
   Save Transcription as で名前をつけて保存する。
   （何もつけなくても音声ファイルの名前が勝手につくけどね…）
   拡張子はデフォルトでは、.lab となるよ。

 注意！
ラベルの情報が保存されるのは、デフォルトでは、
WaveSurfer をインストールした場所だよ。
知らないとそこに、どんどんラベルのファイルが
たまっていくので、注意！ ときどき消しとこう。

・サポートサイトにあるお手本画像を見て、手書きでラベルを書いてみよう！

無声・破裂音　あぱ・あた・あか　　モデル音声 🎧 11-01

有声・破裂音　あば・あだ・あが　　モデル音声 🎧 11-02

ラベルのふり方　「あぱ」[apa] のラベリングをしてみよう！

①最初に文頭の#をふる。
②耳で聞いて、波形の振幅（縦の幅）の
　大きくなっているところで、母音のあたりをつける。
③ a のラベルを a の最後にふる。
④閉鎖の部分の最後、つまり
　破裂（バーストの縦線）の直前に <cl> をふる。
⑤破裂音 p の最後、つまり a の始まりに p をふる。
⑥ a の最後に a をふる。
⑦次の「あた」と言っているところまでは
　ポーズなので、<pz> とふる。

以下、同じようにラベルをふる。

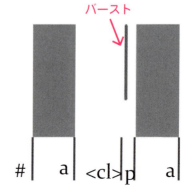

答え！

問1　有声音だけに、閉鎖区間の下の方に黒い線が見えるかな？　これを**ボイスバー**または**バズバー**というよ。これは**声帯振動**があるかないかを表しているんだ。

問2　後ろの母音のフォルマントが調音の位置によって違っている。特に第二フォルマントの曲がり方が違うよね。

2. 破裂音の不思議1　VOT(Voice onset time)

👤破裂音の有声と無声ってどの言語でも一緒かな？

😊えっ！どういうこと？

👤たとえば [pa] と [ba] を発音したとき、英語でもフランス語でも同じかな？

😊えっ！違うの？

👤微妙に違うんだ。次のページの図を見てね。

😊これは？

👤VOT（有声開始時間）っていうんだけど。
破裂音の声帯振動、つまりどこから有声になっているかを示したものなんだ。

😊同じ [p] や [b] の発音記号なのに違った音なんだね。

👤有声と無声に聞こえる境界線は VOT の長さによって決まってるんだって。
それも言語ごとに違う！

😊へ〜！びっくり！じゃあ、同じ [p] を聞いても [b] に聞こえたり [p] に聞こえたりする？

👤そうなんだ。

😊で、どうやって VOT を測るの？

👤「破裂開始から声帯振動が始まるまでの時間」が VOT だから…
さっき、破裂音には破裂があってバーストがあるってやったよね。

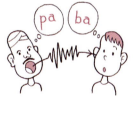

😊うん。

👤バーストの瞬間を0として、そこから声が始まる時点までを測る。
有声は声帯振動がずっとあるからマイナス方向（左方向）に何秒。
無声は次の母音が始まらないと声帯振動はないのでプラス方向（右方向）。
有声は声の鳴り始めの方がバーストより早いから VOT はマイナス。
無声破裂音の時は閉鎖が解放すると同時に声が鳴り始めるか（VOT はゼロ）、
または解放したあとで声が鳴り始める（VOT はプラス）。
VOT がプラスのときは、解放した後で声が鳴り始めるまでの間に息の音が聞こえる。
こういう破裂音を**有気音**という。
VOT がゼロのときは解放と同時に声が鳴り始めるから息の音は聞こえない。
こういう破裂音を**無気音**という。
で、この有声・無声の境界は言語ごとに違うこともある！

😊そうなんだ。

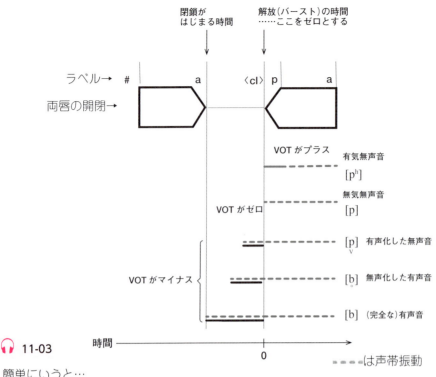

🎧 11-03

簡単にいうと…

①無声の有気音	声帯振動が短い
②無声の無気音	↑
③無声音の有声化	
④有声音の無声化	
⑤有声音	声帯振動が長い

[ʰ] は有気音
[ᵥ] は有声化
[̥] は無声化の補助記号

3. 破裂音の不思議2　ローカス（locus）

😈 破裂音間の聞き分けは、どのように行われているの？

👺 次は**フォルマント・ローカス**。

😈 ローカスって？

👺 何かが集まる点のことだよ。

😈 何が集まるの？

👺 破裂音をラベリングしたよね。

😈 うん。[apa], [ata], [aka] って…

👺 で、その時の後ろの [a] って全部同じだった？

😈 う〜ん。違うと言われれば違うしい…

👺 よく見て！

😈 しましまの曲がり方が違うかも。

👺 そう！第二フォルマントってわかる？

😈 うん。母音の下から二番目の濃くなっているところでしょ。

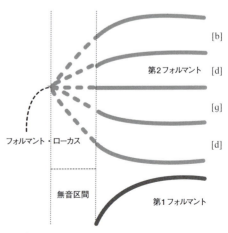

👽ここに注目した人がいたんだ。見てみて！

👽いろんな破裂音の後の母音の第二フォルマントの移動を重ねてみたら、1つの点に集まった！これが**ローカス**！

👹これって見えないよね。

👽うん。

👹集まっているように見えるってこと？　で、何がいいたいの？

👽ようするに破裂音って特に無声の場合は無音だよね。音がないのにどうやって聞き分ける？

👹もしかして、母音への移動部分で聞き分け？

👽うん！

👹へ〜！　人の耳って不思議、ぼくの耳って不思議！

復習テスト

1. 破裂音は…
   ①閉鎖があって破裂がある　②口腔の狭めがある
2. VOT とは？
   ①声の強弱に関係がある　②有声・無声に関係がある
3. [t] の VOT はすべての言語で…
   ①同じ　②同じとは限らない
4. フォルマント・ローカスに関係があるのは？
   ①破裂音の区別　②母音の区別
5. 無声破裂音と有声破裂音の違いは？
   ①バースト　②ボイスバー

●発音記号チェック 11　　今までに出てきた発音記号で書いてみよう！
発音記号はかなに、かなは発音記号に書きかえよう。

1. [çɯɯ̃waɲteoɴ]
2. [eoðhanto]
3. [mʲoŋkoɾeɯɴɾe]
4. 森林浴（しんりんよく）
5. 恋愛小説（れんあいしょうせつ）
6. 観覧車（かんらんしゃ）
7. 本まぐろ（ほん）
8. 銀座四丁目（ぎんざよんちょうめ）
9. 新英和辞典（しんえいわじてん）
10. 仙人（せんにん）

まとめ

破裂音の弁別に関わる現象として、まず「破裂開放から声帯振動が始まるまでの時間」を示す **VOT** がある。これは有声、無声に聞こえる境界を決めており、言語ごとにこの境界は違うとされている。

次に、破裂音間の聞き分けについて、**フォルマント・ローカス**の存在が発表されている。破裂音の後続母音の第二フォルマントの推移が破裂音の調音点によって変化し、様々な破裂音の後続母音の推移部分を重ねてみるとある一点に集まる。このことから、破裂音の弁別には、この母音の推移部分の聴こえが関係しているといわれている。

ちょっと国試に挑戦

● 第11回40　日本語促音の主要な音響的性質として正しいのはどれか。
a. 無声破裂音の無音区間が長くなる。
b. 無声破裂音の破裂の長さが長くなる。
c. 無声破裂音の気息性区間が長くなる。
d. 無声破擦音の摩擦性区間が長くなる。
e. 無声摩擦音の摩擦性区間が長くなる。
1. a, b　　2. a, e　　3. b, c
4. c, d　　5. d, e

解答 2

● 第16回41　「なく(泣く)」の発話でホルマントが現れない音声区間はどれか。
1.「な」の鼻音区間
2.「な」の母音区間
3.「く」の閉鎖区間
4.「く」の破裂区間
5.「く」の母音区間

解答 3

● 第14回43　共通語(東京方言)の音韻について適切でないのはどれか。
a. 阻害音だけに有声と無声との対立がある。
b. 撥音に破裂音が後続する場合、両者の構音点は同じになる。
c. 閉鎖性阻害音の音声実現形は有気音の場合も無気音の場合もある。
d. 無声子音間の母音の音声実現形は無声母音である。
e. 閉鎖性阻害音の音声実現形は閉鎖性を持つ。
1. a, b　　2. a, e　　3. b, c
4. c, d　　5. d, e

解答 5

阻害音・共鳴音(P75 参照)

・阻害音は有声と無声があるけど、共鳴音は有声だけだよ。
・破裂音には有気と無気があったね。
・いつも無声化するわけではないよ。
・破擦音は摩擦音になることも。

第 12 章

子音を見てみよう その3

この章で学ぶこと
・摩擦音の特徴

1. 摩擦音の特徴

 摩擦音の特徴を見てみよう。

日本語の摩擦音の波形とスペクトログラムを観察してみよう！

摩擦音の特徴の観察

① WaveSurfer を立ち上げ、日本語で「さしすせそ」「ざじずぜぞ」を録音。
② Save as でデスクトップに保存。
③ Choose Configuration のウィンドウから、
　以前に作ったテンプレートの onsei_1 でファイルを開く。
④ Transcription の Pane に分節ラベリングをしてみよう！
⑤ alt+print screen で、現在選択の画面をコピーする。
　さらに MS Word に貼り付け、プリントアウト。

サ行音（摩擦音）　　必ず続けて発音　　　　　　　　　🎧 12-01

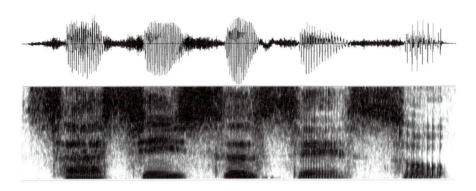

ザ行音（破擦音になっている例、「ず」と「ぜ」は摩擦音）　　必ず続けて発音　　🎧 12-02

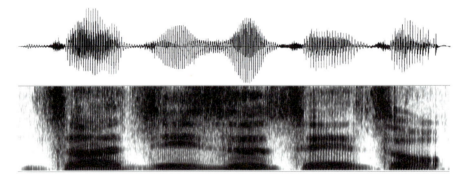

🐌印刷するときは縮小して一画面にサ行、ザ行ごとに表示しよう。

問1
先ほどの破裂音同様、有声音と無声音の違いはどこにあるか見てみよう！
問2
サ行、ザ行の摩擦音（破擦音）の雑音の高さを比較してみよう。
問3
自分のザ行は摩擦音か破擦音かを見てみよう。
また、同じ音でも発音する位置によっても違いがあるかな？
例えば、語頭とか語中とか、いろいろな位置の単語を探して発音してみよう。

答え!

問1
破裂音の時にやったボイスバーが有声音の時にだけ見えるね。

問2
「さ」と「し」の子音の [s] と [ɕ] を交互に [seseseseses......] と繰り返してみよう。
録音してサウンドスペクトログラムを見てみると違いがわかる。
[ɕ] の方が雑音の位置が高いよね。

問3
摩擦音は口腔の狭めによって高めの雑音が出る音、
破擦音は摩擦音の前に破裂音みたいに一度閉鎖が起こる音なんだ。
日本語のザ行子音では、破擦音はどっちかというと、
語頭などで力が入ったり、**前に鼻子音が来て**一度閉じているときが出やすい。
摩擦音は**語中**とかで力が抜けているときが多いんだ。

 復習テスト

1. 摩擦音の特徴は？
   ①口腔の閉鎖に続く開放　②口腔の狭めによる雑音
2. 破擦音の特徴は？
   ①口腔の閉鎖に続く開放と口腔の狭めによる雑音　②口腔の狭めによる雑音
3. 破擦音はどんな環境で出やすいか？
   ①語頭　②語中
4. 「す」と「し」の摩擦音の部分の雑音の高さは…
   ①同じ　②違う
5. 息が続く限り長さをのばすことのできるのは？
   ①摩擦音　②破裂音

発音記号チェック12　　今までに出てきた発音記号で書いてみよう！

発音記号はかなに、かなは発音記号に書きかえよう。

1. [tɕaw̃oĩjadzoː]
2. [sambʲow̃ɯaɴ]
3. [çottoŋɡʲɯɲɲo]
4. 忍者屋敷
5. 親衛隊
6. 塩分控えめ
7. 東南アジア
8. 写真集
9. うどん屋
10. 新古今和歌集

まとめ

摩擦音は口腔の**狭め**によって作られる**雑音**が音源となるが、サウンドスペクトログラムでは**高い**周波数の雑音が観察される。この雑音の高さは摩擦音によって**違う**。

●第3回 80　語中の無声破擦音にみられないのはどれか。
1. 声道閉鎖の持続
2. 声道閉鎖の形成
3. 声道狭めの持続
4. 声道閉鎖の開放
5. 声門閉鎖の持続

第13章 子音を見てみよう その4

この章で学ぶこと
・鼻音の特徴
・その他の音も見てみよう

1. 鼻音の特徴

実験1 鼻音の特徴を見てみよう。

日本語の鼻音の波形とスペクトログラムを観察してみよう！

鼻音の特徴の観察

① WaveSurfer を立ち上げ、日本語で「まみむめも」「なにぬねの」を録音する。
② Save as でデスクトップに保存。
③ Choose Configuration のウィンドウから、
以前に作ったテンプレートの onsei_1 でファイルを開く。
④ Transcription の Pane に分節ラベリングをしてみよう！
⑤ 縮小して一画面にマ行、ナ行ごとに表示する。
⑥ alt+print screen で、現在選択の画面をコピー。
さらに MS Word に貼り付け、プリントアウト。

■マ行音　まみむめも（必ず続けて発音）　 13-01

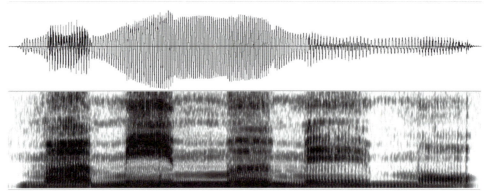

■ナ行音　なにぬねの（必ず続けて録音）　 13-02

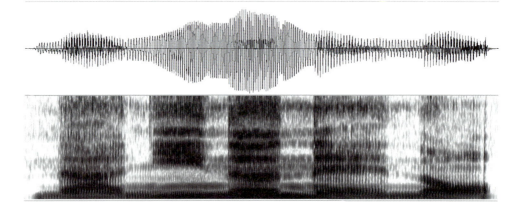

鼻音は口蓋帆が下がって鼻腔への通り道を開く。
鼻音でないときは上がっていて閉じてる。
鼻腔は柔かく音を吸収するので、スペクトログラム上には
アンチフォルマントというものが現れる。
スペクトログラムで白く抜けているところが鼻音だよ。
鼻音は**すべて有声**なので**ボイスバー**が見えるね。

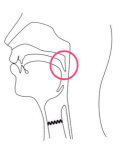

2. その他の音も見てみよう

> **実験2**　ラ行子音とヤ行子音の特徴を見てみよう。
>
> 波形とスペクトログラムを観察してみよう！

■ラ行音（あら・あり・ある・あれ・あろを録音）　 13-03

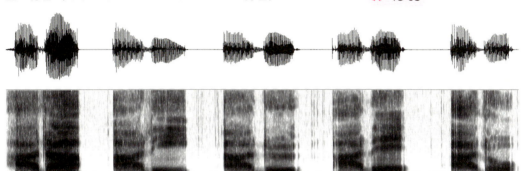

🐦 ラ行の子音も白く抜けたところだよ。
　　[ɾ][l][r] は別名 流音だったよね。覚えてる？

■ヤ行音（あや・あゆ・あよを録音）　 13-04

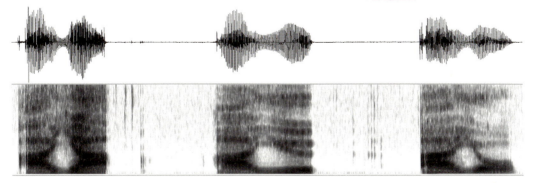

ヤ行の子音 [j] は母音の [i] にとってもよく似ている。
ラベリングの仕方は母音連続と同じだよ。

2つ以上のの母音が連続している場合は
このまま「切れない」としてもいい。
分けてラベルをつけるかどうかは君が選択してね。
例えば [ai] をどうしても切りたい場合は、
　　① [a] と [i] のそれぞれが安定している部分をチェック！
　　② [a] から [i] に移動している部分を見つけて、その真ん中で切る。
ヤ行子音も同じだよ。

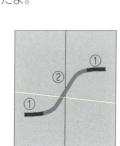
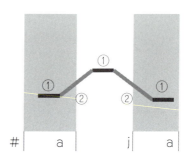

■スペクトログラムの読み方！（子音編）

無声音	有声音	ポイント
↓母音　　↓母音	バースト↓　　　ボイスバー（バズバー）↑	**破裂音のポイント** 前の音→口の閉鎖→破裂（開放）→次の音 ①閉鎖の間は「まっしろ」 ②破裂直後の「バースト」が出る ③有声音は下に「ボイスバー（バズバー）」がある
		摩擦音のポイント 前の音→口の狭め、摩擦→次の音 ①上のほう（高いところ）に雑音（砂の嵐）！ ②有声音は下に「ボイスバー（バズバー）」がある

			破擦音のポイント 前の音→口の閉鎖→破裂（開放） →口の狭め→摩擦→次の音
			鼻音のポイント 前の音→鼻に息が抜ける→次の音 ①全体的に「白く抜ける」！ ②必ず有声なので 　「ボイスバー」がある
		ラ行子音	**その他の音** **ラ行子音** **（はじき音も側面接近音も）** 全体的に「白く抜ける」！
		定常部 変化しているところ	**ヤ行子音** 母音と同じようにフォルマントが見える 「い」と似ている 定常部と変化しているところを探し、変化しているところの真ん中を切る！

復習テスト

1. 鼻音はすべて…
　①無声音　②有声音

2. 鼻子音はすべて…
　①摩擦音　②破裂音

3. [ɾ] や [l] の別名は？
　①ふるえ音　②流音

4. 鼻音の特徴は？
　①アンチ・フォルマント　②口腔の狭め

5. ラ行子音のスペクトログラムの特徴は？
　①高い周波数に雑音が出る　②白く抜ける

● **発音記号チェック13**　　今までに出てきた発音記号で書いてみよう！
発音記号はかなに、かなは発音記号に書きかえよう。

1. [gʲɯ̃ĩçɯɲdzɯɴ]
2. [neĩɕoẽenʦɯ]
3. [bʲoũɯðhammʲo]
4. 観葉植物
5. 新食感
6. 金太郎飴
7. にんにく
8. ちりめんじゃこ
9. 式年遷宮
10. 世界三大料理

> **まとめ**
> 　鼻音は口腔だけでなく**口蓋帆**が下がることによって鼻腔にも呼気が流れる。それにより鼻腔で音が吸収され**アンチフォルマント**がみられる。サウンドスペクトログラムで見ると、鼻音とラ行子音は白く抜けて見え、ヤ行の子音 [j] は母音の [i] によく似ている。

ちょっと国試に挑戦

● 第5回80　半母音の音源となるのはどれか。
1. 構音の速さ
2. 声帯の振動
3. 狭めでの摩擦
4. 狭めでの破裂
5. 狭めでの破擦

● 第17回38　共通語（東京方言）の発音で口蓋帆が二度大きく下降するのはどれか。
1. あいさつ（挨拶）
2. かみさま（神様）
3. けしごむ（消しゴム）
4. とじまり（戸締り）
5. ほしぞら（星空）

第14章 分節ラベリング

この章で学ぶこと
- 分節ラベリング
- ラベルファイルを見てみよう
- もう少し長い文の分節ラベリング

1. 分節ラベリング

🤖 今まで、ひととおり母音と子音を見てきたけど、今回はちょっと長めの文に挑戦してみよう!
👧 分節ってなあに?
🤖 分節は、**1個1個の音のこと**、それにラベルをつけて区切ることを**分節ラベリング**というよ。
つまり、ここからここまでが [a]、というふうにラベルをつけてくんだ。
いままでの知識でほとんど OK だけど、効率的にやるための技を伝授するね。

君もラベリング名人になろう!

① まず、全体の音声をざっと聞く。
② だいたいの発音記号を頭に思い浮かべる。
③ 波形の振幅が大きいところ、サウンドスペクトログラムで
  フォルマントのしましまのあるところで母音のあたりをつける。
④ はっきりとわかる「破裂音」、「摩擦音」、「鼻音」とかをラベルする。
⑤ わかりにくいところを集中的に聞いて全部ラベルをふる。
  サウンドスペクトログラムの画面の一部を選択して、拡大してみるとわかることもあるよ。
⑥ 最後に全部通して聞きながらラベルをチェック。

🤖 ずっと細かく聞いていると別の音に聞こえてしまうこともある。
基本は、「ある程度長い区間を続けて聞くこと」。
わからなくなったら全体を聞いてみよう。
…こんなところかな。
じゃあ、いくよ。

実験1　短文のラベリング

サポートサイトの音声ファイルを WaveSurfer で開いて、分節ラベリングをしてみよう。
また、ラベルファイルを Excel で読み込んで各音の長さ（ラベル間の長さ）を計算しよう。

■課題1　🎧 14-01

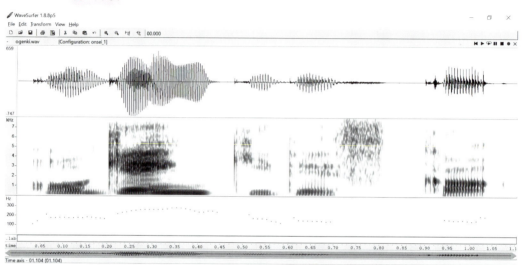

😊 結果はこんなふうになるよ。同じようにできたかな？
　以下のようにラベリングできたら…
　Transcription の pane の上で右クリックして、
　save transcription as で名前をつけて保存しよう。
　次回、たち上げたときにも同じラベルのファイルが見れるよ。

　ラベルのファイルは WaveSurfer と同じフォルダーに保存される。（拡張子は .lab）
　また、あえて変えなければ音声ファイルと同じ名前のファイルができるよ。
　WaveSurfer と別のところにあるラベルのファイルを開きたい場合は、
　Transcription の pane を出しておいて、
　その上で右クリック→ Load Transcription を選択し、ファイルのある場所から読み込む。

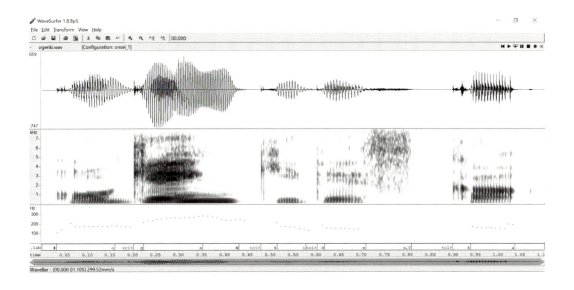

2. ラベルファイルを見てみよう

🐌 テキストエディターで読み込むとラベルのファイルはこんな感じだよ。

「ファイルを開く」で開いてもいいけど、エディターを立ち上げておいて、その画面にラベルのファイルをドラックすると簡単だ。

```
 1 signal ogenki
 2 type 0
 3 color 121
 4 comment created using WaveSurfer Thu Aug 30 19:26:59 2018
 5 font -misc-*-bold-*-*-*-15-*-*-*-*-*-*-*
 6 separator ;
 7 nfields 1
 8 #
 9     0.031832    121 #
10    0.160339    121 o
11    0.201602    121 <cl>
12    0.224003    121 g
13    0.352510    121 e
14    0.431500    121 N
15    0.479248    121 <cl>
16    0.515206    121 k
17    0.577691    121 i
18    0.602450    121 <cl>
19    0.618955    121 d
20    0.709735    121 e
21    0.808768    121 s,U
22    0.898959    121 <cl>
23    0.939633    121 k
24    1.038666    121 a
25 [EOF]
```

このファイルを Excel で読み込んでみよう。

開く時に以下のような指示が出るけど、その時のファイルの形式によって、プレビューを見て確かめてね。

ここで、「次へ」のボタンを押そう。

今回はスペースを区切り文字にして読み込んでみたよ。

データのプレビューで確かめてから、「次へ」のボタンを押そう。

このページでもデータのプレビューを確かめてから、「完了」のボタンを押そう。

こんなふうに読み込めた？
（これは、ラベルの形式が WAVES の
場合だよ。ほかのラベル形式もあるよ）
あとはどのようにデータを使うのも自由だよ。
どんなことに使えるか各自考えてみよう。

ラベルの形式の変更は…
Transcription の pane の上で
右クリックして Properties を選択、
Trans1 のタブを選択すると
左のような画面がでる。
そこで、Label file format で変更するよ。
デフォルトは WaveSurfer だけど、
今回は WAVES を使ってるよ。

ここまでできたら次の課題にいこう！
めざせラベリング名人！

第14章　分節ラベリング

■課題2 🎧 14-02

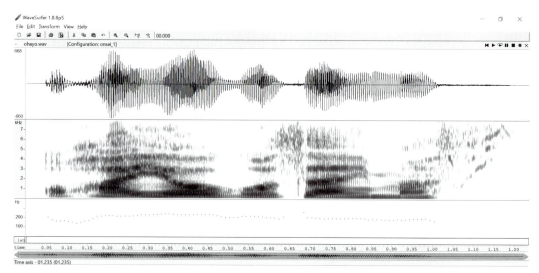

3. もう少し長い文の分節ラベリング

> **実験2** もう少し長い文のラベリング
>
> 実験1と同じようにサイトの音声ファイルをWaveSurferで開いて、分節ラベリングをしてみよう。ラベルファイルを読み込んで各音の長さ（ラベル間の長さ）を計算しよう。

今度はちょっと長くて大変！　がんばって！

■課題3 🎧 14-03

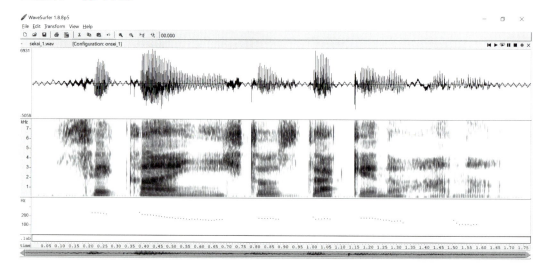

■課題4　　　課題4、課題5が連続してひとつのファイルになってるよ。　🎧 14-04

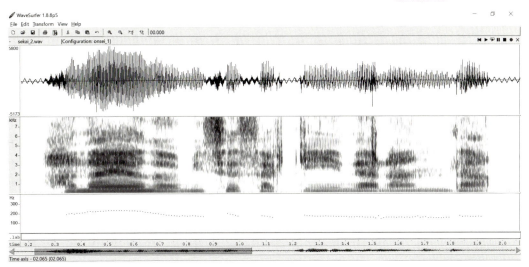

■課題5

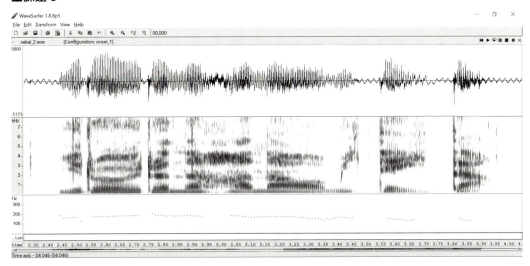

 復習テスト

1. フォルマントが出るのは？
   ①母音　②子音
2. サウンドスペクトログラムで鼻子音は色が？
   ①濃くなる　②薄くなる
3. ＜cl＞があるのは？
   ①摩擦音　②破裂音
4. ラベルのUはuの？
   ①無声化　②口蓋化
5. ラベルのGはgの？
   ①無声化　②摩擦音化

> **まとめ**
>
> **分節ラベリング**は、音声の波形・スペクトログラム・ピッチ曲線を見て、どこからどこまでが1つの音で、それぞれがどんな音かを示すラベルをつけることである。まず、波形の振幅が大きいところで**母音**の見当をつけ、主にサウンドスペクトログラムで、破裂音や摩擦音など比較的わかりやすい特徴を示す音からラベリングすると良い。ラベリング後、ラベルファイルを Excel で読み込むと、各音の**長さ**が簡単に計算できる。

●発音記号チェック 14　　今までに出てきた発音記号で書いてみよう！

1. 充電式乾電池
2. 金曜日
3. 条件反射
4. 人生ゲーム
5. 遠泳
6. きんと雲
7. ぽんたん飴
8. コーンフレーク
9. 衆議院議員選挙
10. マンダリンオレンジ

 ちょっと国試に挑戦

●第17回 140　成人男性の広帯域サウンドスペクトログラムを示す。対応する語はどれか。
1. あし（足）
2. あね（姉）
3. いぬ（犬）
4. いそ（磯）
5. えだ（枝）

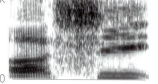

●第18回 140　図の広帯域サウンドスペクトログラムが表している語はどれか。
1. みちくさ
2. くれない
3. しんこく
4. ついたて
5. うみがめ

●第19回 140　成人男性話者の広帯域サウンドスペクトログラムを示す。対応する語はどれか。
1. かしつ
2. かすてら
3. べっさつ
4. まっしろ
5. かせき

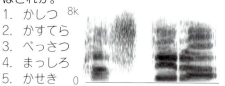

第15章
様々な音声現象

この章で学ぶこと
- 長音
- 無声化
- 口蓋化（硬口蓋化）
- 軟口蓋化
- 円唇化
- 鼻音化
- 二重母音・連母音
- ガ行鼻濁音

今回は今まで見てきた音声の特徴に加えて、さまざまな音声現象を紹介するね。

1. 長音

実験1　長音の記述

日本語で「おばさん」と「おばあさん」の音声はどこが違うかな？
また、「かた」（肩）と「かった」（買った）の違いはどうだろう。
発音記号で表してみよう！

 答え！

母音の場合、発音記号で、おばさんは [obasaɴ]、おばあさん [obaːsaɴ] と表記するよ。
[a] は**短母音**、[aː] は**長母音**というよ。
長音は発音記号では [ː] という記号を使って表す。手書きするときには [:] でいいよ。
普通は [obaasaɴ] とは書かないから気をつけて！
でも、「お、ば、あ、さ、ん」って切って発音したら [obaasaɴ] になるかもね。（笑）

子音の場合、促音（っ）も同じ記号を使って表すことができる。

肩は [kata]、買ったは [katta] とも [kat:a] とも書ける。
[katta] の場合は、1番目の t は破裂音だけど実際には破裂しないで
閉鎖しっぱなしなので [̚] という記号を使って [kat̚ta] と書き、
[t̚] のことを「開放がない t」と言うこともある。
[t:] と書けるのは、2つの [t] が連続し長さが長くなってるからなんだ。
促音（小さい「っ」）は、実は子音が長くなっているということなんだよ！

へ〜！そうなんだ。

拡大したもの

2. 無声化

実験2 無声化の記述 🎧 15-01

サポートサイトの音声で、「首」[kɯbʲi] の [ɯ] と「くし」[kɯɕi] の [ɯ] の
音色の違いを聞いてみよう！

母音の無声化って？

「首」の [ɯ] は有声の [ɯ]、つまり声帯振動があるんだ。
母音は基本的には声帯振動があるよ。
ところが「くし」の [ɯ] は「**無声化**」という現象を起こしている。
母音なのに声帯振動がなくなる、つまり声がなくなっちゃってるんだ。
母音の前後に無声子音があると、その影響を受けて
声帯振動がなくなっちゃうことがある。
（こんなふうに、前後の音の影響を受けて音が変わることを**同化**っていうよ）。

[。]
拡大したもの

「首」の [ɯ] の場合、前の [k] は無声子音だけど後ろの [b] は有声子音。
こういうときは、普通は無声化しない。でも「くし」の [ɯ] の場合は、前の [k] も後ろの [ɕ]
も両方とも無声子音だね。それに影響されて [ɯ] も無声に変わってしまうんだ。

日本語では、[i] とか [ɯ] の狭母音が無声化を起こしやすい。
覚えとこう！

でも、他の母音も起こすことがあるけどね。
無声化は [。] という記号をつけて表すよ。（記号の下にしろまる）
だから、「くし」をより正確に書くと [kɯ̥ɕi] となるわけ。
[i] の無声化の例としては、たとえば「あした」[aɕi̥ta]、「秋田」[akʲi̥ta] などがある。
日本語で無声化する語はほかにもたくさんあるよ。どんなものがあるか、考えてみよう！

🎧 15-02

同化についてもう少し！
「同化」とは前後に現れる音によって音が変化することだって、さっき言ったよね。
ある音がその前の音の影響を受けることを**順行同化**。
後ろの音の影響を受けることを**逆行同化**っていう。
この用語も大切だから覚えといて！

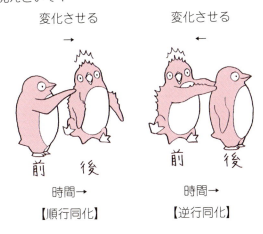

無声化の度合いっていろいろある！

🐦 無声化って前後の子音によって起こるから…その影響の強さによって、

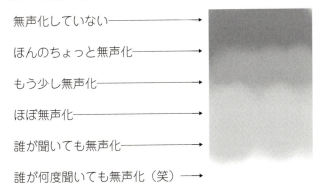

無声化していない
ほんのちょっと無声化
もう少し無声化
ほぼ無声化
誰が聞いても無声化
誰が何度聞いても無声化（笑）

…どころじゃなく無限に度合があるんだ。

🐤 じゃあどこまでを「無声化」って記述するの？

🐦 まあ、記号で表記するのは「明らかに無声化」って時だけかもね。
でも、あとで出てくる「鼻音化」とかもそうだけど
場合によっては今後そういった度合についても
記述する必要もあるかもしれないから、ちょっと気にしておこうね。

🐤 つまり簡単には白黒つけられないってことだね。

🐦 そうそう。

副次調音って？

👤 子音において、主な調音位置とは別に2番目の調音があることがある。
これを**副次調音**（第二次調音）というよ。
　　例：口蓋化、軟口蓋化、円唇化

3. 口蓋化（硬口蓋化）

> **実験3**　口蓋化（硬口蓋化）の記述
>
> 「み」と「し」を発音記号で記述してみよう。
> 第6章の発音記号のところで50音図を習ったよね。
> 2つの音の共通点はなんだろう。また、違っている点はなんだろう。

 答え！

　　　　[mʲi] と [ɕi] となる。

😮 ちょっと待って！「ま」「む」「め」「も」は [ma]、[mɯ]、[me]、[mo]、
「さ」「す」「せ」「そ」は [sa]、[sɯ]、[se]、[so] なのに、
どうして「み」と「し」は子音の記号が違うんだろう？

拡大したもの

👤 それは、子音が**口蓋化**っていう現象を起こしているからなんだ。
口蓋化は音声学では（硬口蓋音以外の子音の調音の時）「**前舌が硬口蓋に近づくこと**」なんだけど、
（注意！言語臨床ではちゃんと「**硬口蓋化**」と言うことが多いよ）

厳密に言うと次の2つの場合に分けられる。（ちょっとマニアック！）

1）その子音の本来の調音位置は変わらないけど、子音の調音と同時に前舌が硬口蓋に近づく
　（硬口蓋に向かってせり上がる）場合。「み」がこれにあたる。
　　[m] の直後に [i] が続くので、[m] の調音のときからすでに次の [i] にそなえて
　　前舌が硬口蓋に近づいてる。これを表わすために口蓋化の補助記号 [ʲ] をつけて [mʲi] と書く。
　　（ここで、念のために注意。[mʲ] は「口蓋化した [m]」という一つの子音であって、
　　[m] の後に [ʲ] を発音するっていう意味じゃないからね。
　　[ʲ] だけじゃ何の音も表わしてないよ。）
　　「ま」[ma] と「み」[mʲi] を比べてみよう。

2）その子音の調音位置そのものが硬口蓋に近づく場合。
　　「し」の例がこれ。歯茎音の [s] が次の [i] にそなえて調音位置が少し後ろにずれ、

歯茎硬口蓋（歯茎と硬口蓋の境い目あたり）になっちゃう。これを [ɕ] と書く。
「み」と違って「し」の場合は調音位置まで変わるんだ。
「さ」[sa] と「し」[ɕi] を比べてみよう。

🗻 どちらの口蓋化も同化の一種だっていうことに気がついたかな？

🐧 わかった！
直後の母音の影響で子音が変化するから、これは逆行同化だね！

🗻 大正解！

変化させる

前　後

時間→

【逆行同化】

4. 軟口蓋化

🗻 軟口蓋音以外の子音を調音するとき、後舌面が軟口蓋に近づく現象を「**軟口蓋化**」というよ。
日本語の場合、[ɯ] と [o] の２つの母音は後舌母音、つまり後舌面が高く上がる母音だったね。

🐧 うん。

🗻 後舌面が「高く上がる」ってことは、「軟口蓋に近づく」というのと同じことだ。

🐧 となると…

🗻 たとえば、「む」という場合、子音 [m] を調音している段階で、
後舌面はもう次の [ɯ] にそなえて軟口蓋に向かって上がってるんだ。
このことを、[m] の右肩に軟口蓋化の補助記号 [ˠ] をつけて [mˠɯ] と書く。
同じように「も」も [mˠo] と書ける。
でも、この軟口蓋化は自然に起こるから、
いちいち書かなくてもいいという考えもあって、
「む」は [mɯ]、「も」は [mo] と書くことも多いんだ。

🐧 それって、もしかして「簡略音声表記」！

🗻 うん、よく覚えていた。えらい！

拡大したもの

5. 円唇化

👧子音を調音するときに唇が丸まる現象を「円唇化」という。

日本語の場合、[a, i, ɯ, e, o] の中で [o] だけが円唇母音だって話はしたよね。

🐧うん、したした。

👧だから、たとえば「こ」と言うとき、「こ」の子音 [k] を調音している段階で、唇はすでに次の [o] の準備をして丸くなってる。

🐧間に合わなかったら音が切れちゃうもんね。
早めの準備が大切ってことね。

👧このことを、[k] の右肩に円唇化の補助記号 [ʷ] をつけて [kʷ] と書く。

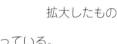
拡大したもの

つまり「こ」は [kʷo] っていうわけ。

「そ」や「と」も同じ。[s] や [t] を調音しているとき、同時に唇も丸まっている。

つまり円唇化を起こしてるから、「そ」は [sʷo]、「と」は [tʷo] と書くのが正確なんだよ。

🐧う〜ん。待って！
「こ、そ、と」では軟口蓋化も起きるんじゃなかった？

👧そう。軟口蓋化と円唇化が両方起きるんだよ。

🐧ええーっ！？ じゃあ「こ」は [kʷˠo]、「そ」は [sʷˠo]、「と」は [tʷˠo] って書くの？
たいへん！

👧本当はね…
いちいち全部書いてると大変だから、ふだんはやっぱり簡略表記で [ko]、[so]、[to] と書く。

🐧なあんだ。

👧ほんとは軟口蓋化と円唇化が起きているんだぞ！とわかったうえでね。

🐧それは厳しい、秘密の暗号みたいだね。

👧うん。音声学を知っていると書いてないことがわかる！なんかかっこよくない？

🐧暗号解読かあ。

👧ここでは、口蓋化、軟口蓋化、円唇化の3種類の副次調音を見たけど、どれも次に来る母音の準備のために自然に起きる現象だったね。

🐧うん、何事も準備は早めにねって。

👧だから、補助記号はあるけど、あえて書かないことのほうが多いんだ。

🐧これも秘密の暗号？

👧ある意味ね。
だけど、口蓋化の記号 [ʲ] だけは、わりあいちゃんと書くことが多い。
つまり、「ぱ」「ぴ」「ぷ」「ぺ」「ぽ」は、
[pa]、[pʲi]、[pɯ]、[pe]、[po] と書くことが多いんだ。

🐧へ〜、じゃあ忘れないようにしなきゃ。

👧忘れないでね。

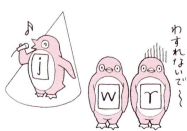
わすれないで〜

6. 鼻音化

> **実験4** 鼻音化の記述をしてみよう！ 🎧 15-03
>
> 「あかさか」の [a] は「あんぱんまん」の [a] とどこが違う？

👨 まず「あかさか」と言ってみよう！
言った？
そうしたら今度は「あんぱんまん」と言ってみて。
どちらの語にも [a] が何回も出てくるね。
「あかさか」の [a] は「あんぱんまん」の [a] と比べてどこか違うかな？
発音記号での記述も考えてみよう。

 答え！

「あんぱんまん」の最初の [a] はすぐ後ろの [m] のせいで、
「ぱ」の [a] も直後の [m] のせいで、
最後の「ま」の [a] は直前の [m] と直後の [N] のせいで**鼻音化**するよ。
鼻音化っていうのは、母音を調音するときに、鼻音（これは子音の一種だったね）のときと同じように口蓋帆が下がって呼気が口腔だけじゃなく鼻腔にも流れる現象を言う。
鼻音に隣り合った母音は、たいてい鼻音化する。
鼻音化を表わすには [̃] という記号を使う。
そこで「あんぱんまん」は [ãmpãmãN] と書けるんだ。

👨 そして、鼻音化した母音のことを**鼻母音**という。
鼻音化していない普通の母音は**口母音**っていう。

👧 へ〜。

👨 鼻音化には、順行同化もあるし、逆行同化もあるよ。
あと、無声化と同じように鼻音化の度合いもちょっとずつ違う！

👧 とっても微妙なんだね。

👨 うん。
フランス語とかには、口母音の鼻音化じゃなくてもとから鼻母音になってる音もある。
それと区別するためにさっきの日本語の例みたいのを
「**鼻音化母音**」ってあえていうこともあるよ。

👧 へ〜、そんな音もあるんだ！おもしろそう！

7. 二重母音・連母音

実験5　二重母音の記述　🎧 15-04

「胃」と「愛」の「い」、「司会」と「歯科医」の「い」に違いはあるだろうか？
あるとしたらなんだろうか？

👤「愛」と「司会」は二重母音が含まれている。「胃」と「歯科医」にはそれがない。
🐷**二重母音ってなあに？**
👤母音が2つ並んで発音されて、その2つの間に切れ目がなく、
全体がつながって1つの音のようになっているものだよ。
1つの音だからどちらかの母音が主となって、もうひとつはちょっと影がうすくなる。

　　　　　下降二重母音　　　　　　　　　上昇二重母音

　　　　　　a　i̯　　　　　　　　　　　　i̯　a

二重母音 [ai̯] の [i] の下についている小さな記号は「目立たないほうの母音です」っていう
意味なんだ。目立つほうの母音（ここでは [a]）には特別な記号をつけない。
最初の母音が目立つのが**下降二重母音**で、[i̯a] みたいにあとの母音が目立つのが**上昇二重母音**だよ。

反対に、2つ別々に分けていうものを**連母音**というんだ。

🐷**日本語にも二重母音ってあるの？**

👤あるよ。「あい」って言ったときを考えてみよう。
はっきり言うと「あ」「い」って別々に言うこともできるし、

拡大したもの

🐷**それが連母音だね。**

👤うん。続けて二重母音っぽく言うこともある。
でも、日本語じゃ、どっちで発音しても意味はかわらないことがほとんどなんだ。
だけど、区別することもあることはあるよ。
たとえば、「司会」と「歯科医」。「司会」[ɕikai̯] の最後は二重母音 [ai̯] だけど、
「歯科医」[ɕi̥kai] の最後は連母音 [ai] であるのが普通だよ。

ゆっくり何回か発音して確かめてみて。

🍓ところで、この2つどこが違うの？

👾「司会」は切れないけど、「歯科」「医」だよね。

🍓あっそうか！[ai] の途中で切れるか切れないか！

👾あたり！

8. ガ行鼻濁音 🎧 15-05

👾ガ行鼻濁音って知ってる？

🍓う～ん。聞いたことないかなあ～。

👾ま、このごろ使わなくなったからね。
簡単にいうとガ行の発音に有声軟口蓋破裂音 [g] じゃなくて、有声軟口蓋鼻音 [ŋ] を使うんだ。

🍓つまり鼻音化だね。

👾そうだけど、これを「鼻音化」と呼ばないほうがいい。
さっきやった鼻母音と混同するといけないので。

🍓了解！ところで、全部これで発音するの？

👾いいや、一応傾向はあるんだ。「前の音とのつながり」っていうのがポイント！
「がいこく」みたいに語頭では前に音がないから [g] のまま。
「だいがく」みたいに語中は鼻濁音。
助詞の「が」とか、「ひがさ（日傘）」、「まゆげ」みたいな連濁とかは
前の語とつながりが強いから鼻濁音になる。
でも外来語や擬音語、擬態語もなりにくくて、[g] のままだよ。
ま、あえてこの音にする必要はないけど知識として知っとこうね。

■連濁とは？
本＋箱→本箱のように前の語と複合語を作るときに最初の子音が濁音になること。

復習テスト

1. 日本語の母音は「イ」と何が無声化しやすい？
　①「ウ」　②「オ」

2. 日本語の50音のどの段で口蓋化が起こる？
　①ア段　②イ段

3. 前にある音の影響を受けるのを何と言う？
　①順行同化　②逆行同化

4. 「バナナ」[banana] の下線の母音は○○化している？
　①口蓋化　②鼻音化

5. 会社の [ai] は？
　①二重母音　②連母音

●発音記号チェック15　　今までに出てきた発音記号で書いてみよう！

1. 神出鬼没
2. 新大久保界隈
3. 本わさび
4. 金環日食
5. 前衛芸術
6. 天然記念物
7. 翻訳大賞
8. 連絡帳
9. 三平方の定理
10. 二十三半

まとめ

日本語の音声では、「おばさん」と「おばあさん」のように、同じ母音でも短音と**長音**では意味が変わる。また、連続した音声には単音とは違う、いろいろな**同化現象**が起こる。無声子音やポーズに母音がはさまれた時の**無声化**、イ段の子音のように前舌が硬口蓋に近づく**口蓋化**、後舌面が軟口蓋に近づく**軟口蓋化**、[o] の前で起こる**円唇化**、鼻子音環境で起こる母音の**鼻音化**などがある。また、語の意味の切れ目による**二重母音**や**連母音**の違いや、ガ行子音が鼻音化する**ガ行鼻濁音**もある。

ちょっと国試に挑戦

●第2回 72　調音結合の例として正しいのはどれか。
　a. [ka] における [k] の有声化
　b. [ki] における [k] の口蓋化
　c. [ku] における [k] の円唇化
　d. [ke] における [k] の有気音化
　e. [ko] における [k] の軟口蓋化
　　1. a, b　2. a, e　3. b, c
　　4. c, d　5. d, e

●第2回 74　母音の円唇化に伴う主要な聴覚的印象はどれか。
　1. 中性母音化
　2. ピッチの低下
　3. 持続時間の増大
　4. 音色の暗さ
　5. 緊張性

●第 3 回 72　複合語形成において生じる音韻現象はどれか。
1. 連濁化
2. 無声化
3. 口蓋化
4. 鼻音化
5. 促音化

解答 1

●第 3 回 74　母音の無声化が生じにくい語はどれか。
a.「意志」
b.「健康」
c.「抽象」
d.「失敗」
e.「始末」
　1. a, b　2. a, e　3. b, c
　4. c, d　5. d, e

解答 3

長音は無声化しにくいよ

●第 4 回 73　語中の子音 m に円唇化が生じるのはどれか。
a. 意味 [imi]
b. 海女 [ama]
c. 梅 [ume]
d. 友 [tomo]
e. 有無 [umu]
　1. a, b　2. a, e　3. b, c
　4. c, d　5. d, e

解答 5

●第 5 回 73　日本語に生じる副次構音はどれか。
a. 母音の声門化
b. 母音の軟口蓋化
c. 母音の無声化
d. 子音の円唇化
e. 子音の咽頭化
　1. a, b　2. a, e　3. b, c
　4. c, d　5. d, e

解答 4

●第 6 回 75　無声化した母音に近い性質の子音はどれか。
1. [p]
2. [t]
3. [k]
4. [c]
5. [h]

解答 5

[h] は後ろの母音と形が似てくるよ

●第 8 回 73　日本語の母音イと結合した子音に生じる調音結合はどれか。
1. 両唇化
2. 硬口蓋化
3. 軟口蓋化
4. 咽頭化
5. 声門化

解答 2

●第 10 回 74　日本語（共通語）において第 1 音節に母音の無声化を起こしやすい単語はどれか。
1. 毛糸（ケイト）
2. 浜辺（ハマベ）
3. 無言（ムゴン）
4. 小鳥（コトリ）
5. 指揮者（シキシャ）

解答 5

●第 11 回 135　[pha] について正しいのはどれか。
1. 閉鎖の解放と声帯振動の開始とが同時に行われる。
2. 閉鎖の解放より遅れて声帯振動が開始する。
3. 閉鎖の解放に先立って声帯振動が開始する。
4. 閉鎖の解放はあるが声帯振動はない。
5. 閉鎖の解放はないが声帯振動はある。

解答 2

●第 12 回 135　音源が 2 ヶ所にあるのはどれか。
1. [a]
2. [s]
3. [d]
4. [k]
5. [h]

ヒント：有声のものは声帯振動も音源だよ

●第 12 回 137　共通語（東京方言）で 1 モーラ目の母音が無声化しやすいのはどれか。
a. かし（貸し）
b. きし（岸）
c. くし（櫛）
d. けし（芥子）
e. こし（腰）
　1. a, b　2. a, e　3. b, c
　4. c, d　5. d, e

●第 15 回 37　日本語（共通語）の「ゲ」の子音として現れないのはどれか。
a. [g]
b. [ɢ]
c. [ŋ]
d. [ŋ̊]
e. [ɣ]
　1. a, b　2. a, e　3. b, c
　4. c, d　5. d, e

●第 16 回 136　硬口蓋化が起こり得ない音はどれか。
a. [m]
b. [t]
c. [z]
d. [ç]
e. [j]
　1. a, b　2. a, e　3. b, c
　4. c, d　5. d, e

●第 16 回 137　第 1 音節と第 2 音節の頭子音が音声学的に異なるのはどれか。
a. まんめん（満面）
b. かき（柿）
c. じじょう（事情）
d. せっすい（節水）
e. ぶんぼ（分母）
　1. a, b　2. a, e　3. b, c
　4. c, d　5. d, e

●第 17 回 138　下線部の子音に同化が見られるのはどれか。
1. あさがお（朝顔）
2. かたな（刀）
3. しんぶん（新聞）
4. はなぢ（鼻血）
5. みれる（見れる）

●第 18 回 38　調音結合の説明として誤っているのはどれか。
1. 連続音声の知覚を妨げる。
2. 発話速度に依存する。
3. 方言や言語によって異なる。
4. 先行する音に影響が現れる。
5. 後続する音に影響が現れる。

●第 18 回 39　共通語（東京方言）の発音で 2 モーラ目が無声化しやすいのはどれか。
a. ふくおか（福岡）
b. あきた（秋田）
c. いしかわ（石川）
d. まつやま（松山）
e. とちぎ（栃木）
1. a, b　2. a, e　3. b, c　4. c, d　5. d, e

●第 20 回 137　共通語（東京方言）で、下線部が音韻論的に鼻音で発音される（鼻濁音）のはどれか。
1. まどがらす（窓硝子）
2. ぎりぎり
3. にゅうどうぐも（入道雲）
4. げんごがく（言語学）
5. にじゅうご（二十五）

第 16 章
音素

> **この章で学ぶこと**
> ・音素とは？
> ・異音
> ・音素の体系

1. 音素とは？

音素って、第2章でやったんだけど覚えてるかな？
忘れちゃった？

うん。でも、うっすらと記憶が…

じゃあ復習だよ。
「その言語の中で区別しないで使われる音声の集合」 が音素だったよね。
母語話者は普通気がつかないけど、ひとつの音素の中にはいろいろ違った音があることがある。

へ〜。

例えば、日本語母語話者は日本語を習得すると、
日本語のひとつの音素の中の音声の違いには鈍感になるんだ。
日本語独自の音のグループ分けをしなければならないから、
同じグループに入る音声の違いは無視しなきゃだめなんだ。

そっか。

いつも頭の中で「あ」の音声を2通り、3通りにグループ分けしていたら
日本語ではとっても困っちゃうよね。
でも、音声の記述をしようとすると、他の言語と比べると
明らかに違う音声を同じ音素のグループに入れてることに気がつくんだ。

なにそれ？
違ってたらわかるでしょ、普通。

それがわからないんだ。

なんで？

う〜ん、そうだなあ…
例えば、日本語の「ん」はいつも同じ音で発音していると思う？

2. 異音

> **実験1** 異音を見つけよう！
>
> 日本語で「さんま」、「サンタ」、「さんご」と言ってみよう。
> 「ん」の部分の音はどれも同じに聞こえるかな。
> また、口の動きがどうなってるかにも注目しよう。
> ついでに、どんな規則があるかな。

🤖何が違ってるかまったくわからない！って？
　日本語が母語だったらこの違いに気がつかないのが普通だから安心して。
　わからなかったということは立派な日本語ネイティヴの証拠だからね。
　すばらしいことだよ！

👾そうなの？？？

🤖でも、音声学者とかの専門家や他の言語が母語の人とかが聞くと
　どこか違う！ってところがあるんだ。
　もう一度考えてみよう。

👾う〜ん、なんだろう…

🤖じっくり自分の声を聞いてみて。

👾「さんま」、「サンタ」、「さんご」…

🤖音声をよく聞いてみると、発音記号でも別の記号を使うほど違う場合がある。
　で、この同じ音素のグループに入るけど発音記号で書き分けられるくらい違う音声を、
　その音素の**異音**と呼ぶよ。

👾そういえば思い出してきた。

🤖よかった！
　以下が音素/N/(「ん」のこと)の異音のリストだよ。

音素って/　/に入れて書くんだ。そこに含まれる音声は[　]に入れて書く。

「ん」の後ろにくる音	発音	例
無音	[ɴ]	パン。
[p][b][m]	[m]	はんぺん
[t][d][ts][dz][n][ɾ][d]	[n]	てんどん
[tɕ][dʑ][ɲ]	[ɲ]	にんにく
[k][g][ŋ]	[ŋ]	れんこん
[l]	[l̃]	れんらく

[s][z][ɕ][ʑ]	[ɨ̃]	て**ん**さい
[j][ç][i]	[ĩ]	お**ん**いん
[e][he]	[ẽ]	は**ん**えい
[a][ha]	[ã]	れ**ん**あい
[o][ɯ][ho][wa][ɸ]	[ũ̃]	さ**ん**おんとう

🐤 あっ、これ発音記号のところでやったじゃない。

👨 そうそう。思い出した？

🐤 へ～！こんなにあるんだ。びっくりだよね。

👨 これだけいろんな音を全部同じ音として聞いている君はすごいと思わない？
　自分をほめてあげよう。

🐤 う～ん。なんか本当にほめられているのか微妙な感じ。
　ところで、音声表記は IPA を使うけど、音素表記も同じ？

👨 まあ似た記号を使っているけど、基本的に含まれる異音を代表していれば何でもいいんだ。

🐤 で、一般的には、どんな記号を使うの？

👨 あとで、よく使われているものを表にしておくから見といてね。

🐤 ところで、異音ってこんなに沢山あるものばかりなの？

👨 そういえば、50 音図でタ行とハ行の子音は発音記号が全部同じではなかったよね。

🐤 うん。[ta][tɕi][tsɯ][te][to] だよね。
　それから、[ha][çi][ɸɯ][he][ho]！

👨 すご～い！優等生だね。

🐤 えへ。
　もしかして！[t][tɕ][ts] が /t/ の異音、[h][ç][ɸ] が /h/ の異音？

👨 ピンポーン！

🐤 音声学でやる前は同じ音だとばっかり思ってた。

👨 そこがポイントなんだ！
　異音っておたがいに似てなくちゃいけない。

🐤 へ？どういうこと？

👨 すっごく違っている音は同じ音素の異音と言わないんだ。

🐤 どのくらい違ってたら異音じゃないの？

👨 母語話者が同じ音だと勘違いするくらい似てないといけないんだ。
　違う音だと思ったら同じ音素として使わないよね。

🐤 そう言われればそうだね。

👨 これを**音声的類似**と言うんだけど、これが大切！
　あと、50 音図で同じ行の子音は同じだと思ってたよね。

🐤 だって、ほとんどの行は一緒じゃん。

👨 そうなんだ、ここが 2 つ目のポイント！

日本語の音全体、ま、ここでは50音図みたいなものを考えたとき、
全体の並び方、「体系」っていうんだけど、これを考えて音素を見つけるといいよってこと。

🐷 同じ行になっているのにはわけがあるんだね。

👤 うん、偶然じゃないかもね。
で、タ行やハ行みたいな例が出てくる。

🐷 へ〜。

👤 実は異音には2種類ある。
まず「ん」の場合、「ん」のあとにどんな音声が来るかによって、
どの異音で発音されるかが決まる。
ある音が単語のどんな場所に現れるか、「前にはどんな音が来て後ろにはどんな音が来るか」
ということをその音の**（音声）環境**という。
この音声環境によって説明できる異音を**条件異音**または**位置異音**というんだ。
同じ環境には絶対に同じ条件異音しか現れない。
ちょっと見方を変えると、これらの音声の分布は重なってない。
だから、これらの異音は**相補分布**をしてるともいうよ。

🐷 相補分布ってなあに？

👤 **お互いにいる場所が重ならない。同じ環境で別の異音は出ない！ってことだよ。**

🐷 つまり、各音のなわばりが決まっているってことかな？

👤 あたり。
それから、音声的には違う記述ができる、別の発音記号になるくらい違うけど、
同じ環境に現れて特に条件を見つけることができない異音を、**自由異音**と呼ぶ。
で、自由異音が現れる現象のことを**自由変異**というよ。
たとえば、日本語の「ばんごう」[baŋgoː] の [b] と「かば」[kaβa] の [β] がそうかな。

🐷 なぜ違っちゃうの？

👤 人は何か話そうとするとき、話し始めは力を入れるけど、
ずっと力を入れ続けたら疲れるんで途中は相手に伝わる程度に力を抜いちゃう。

🐷 人って基本的になまけものなんだ。

👤 ま、そういうことかな。

🐷 でも体力セーブしてて、経済的だよね。

👤 そうともいえる。
だから日本語としては通じるけれど音声としては随分違ったものを出してるって現象が
起こるんだ。でも、こっちは語中でも [b] で発音できるから、どちらかというと自由異音だよ。

😈 つまり条件異音みたいにきっちりとした規則が見つかんなかったということかな。残念！

👾 あったり〜！

😈 ところで、自由異音ってじっくり観察したら規則が見つかって、実は条件異音だった！ってこともある？

👾 そうだね、まだまだ秘密がかくれてるかも！

😈 わ〜！自由異音って夢があるね。

3. 音素の体系

😈 音素ってどうやって探すの？

👾 まずは**ミニマルペア（最小対）**っていうのを探すんだ。

😈 何？それ？

👾 例えば、日本語で [ta] と [sa] ってのがミニマルペアだよ。

😈 どういうこと？

👾 かた [kata] とかさ [kasa] は**意味の違った2つの単語**だよね。

😈 うん。

👾 で、[kata] と [kasa] は [t] と [s] の **1音だけが違っていてほかの部分は同じ音**だよね。

😈 そうだね。

👾 そういうペアをミニマルペアっていうんだ。
　 [kata] と [kasa] のミニマルペアのおかげでこの言語では、
　 [t] と [s] を区別してるってことがわかる。
　 だから [t] は /t/、[s] は /s/ というそれぞれ別の音素に入るんだ。

😈 へ〜。

👾 で、同じように一個ずつ音素を探すんだ。

😈 大変だね〜。

👾 まあね。

▼ クイズ　　　　　ミニマルペア

未知の言語でこんなふうに意味を区別する単語があるとするよ。
①〜④のうちミニマルペアなのはどれ？

① [kata]（かえる）/[data]（へび）
② [kata]（かえる）/[gata]（かえる）
③ [tasu]（りんご）/[kaso]（バナナ）
④ [taniki]（手）/[taniko]（足）

なかよしペア！

単語の意味が違う。1音だけ違う。この2つがポイントだよ！
②の [kata] と [gata] は意味が同じだから、ミニマルペアにはならないよ。
この言語では語頭の [k] と [g] は同じ音素の異音みたいだね。

弁別的特徴（弁別素性）ってなあに？

👤 他の言語はおいといて日本語での話だけど、[p] は無声・両唇・破裂音。
　[b] は？

🐣 有声・両唇・破裂音。

👤 じゃあ、[t] は？

🐣 無声・歯茎・破裂音！

👤 これが弁別的特徴！説明おわり。

🐣 うぇ～ん。わかんないよう。

👤 今まで、[p] と [t] がどう違うかってことを説明してきたよね。

🐣 有声と無声とか両唇音と歯茎音とかをつかってね。

👤 これ全部がある音とある音を弁別するための特徴なんだ。
　この音とこの音が違うって言いたい時は、その違っている特徴を並べて書くと説明できる。
　たとえば、トマトとバナナ。
　　　　トマト：野菜・赤色・みずみずしい
　　　　バナナ：果物・黄色・クリーミー
　ま、音素の弁別的特徴も似たようなもんだね。

🐣 ふ～ん。結構簡単！

👤 そう？じゃあ、[g] は？

🐣 有声・軟口蓋・破裂音。

👤 [k] との違いは？

🐣 有声じゃなくて無声ってとこ。

👤 完ぺきじゃん！
　カルタ会の成果？

🐣 もちろん。

🐣 ところで、日本語の音素っていくつあるの？

👤 じゃあ、見てみようか。

実験2　日本語の音素

日本語の音素の数を数えてみよう！
また、問題点があったら考えてみよう！

日本語の音素

母音

	前舌	中舌	後舌
狭	/i/		/u/
中	/e/		/o/
広		/a/	

子音

	両唇音	歯茎音	硬口蓋音	軟口蓋音	声門音
破裂音	/p/, /b/	/t/, /d/		/k/, /g/	
摩擦音		/s/, /z/			/h/
鼻音	/m/	/n/			
接近音	/w/		/j/		
はじき音		/r/			

特殊音素（「モーラ音素」ともいう）

/H/ 長音（伸ばす音）
/Q/ 促音（つまる音、小さい「っ」）
/N/ 撥音（はねる音、「ん」）
/J/ 二重母音の後半の「い」（「あい」、「よい」などの「い」）

全部で 23 個だよ。

音素の記号は IPA とは違い、なるべく普通のアルファベットに近い文字を使う。

復習テスト

1. ある言語によって区別○○○使われる音声の集合を音素という。○○○に入るのは？
   ①して　②しないで
2. 同じ音素の集合に入る音声を何と言う？
   ①同音　②異音
3. 異音が相補分布しているのはどっち？
   ①条件異音　②自由異音
4. 同じ環境に現れる異音は？
   ①条件異音　②自由異音
5. 日本語で [saka] /saka/ とミニマルペアなのは？
   ① [taka] /taka/　② [tako] /tako/

発音記号チェック16　　今までに出てきた発音記号で書いてみよう！

1. ６２３円（ろっぴゃくにじゅうさんえん）
2. 山陰地方（さんいんちほう）
3. 年収三億四千万（ねんしゅうさんおくよんせんまん）
4. 山陽本線（さんようほんせん）
5. 戦国時代（せんごくじだい）
6. 先代藩主（せんだいはんしゅ）
7. 国会予算案（こっかいよさんあん）
8. 新入生歓迎会（しんにゅうせいかんげいかい）
9. ワンマン運転（うんてん）
10. 温泉旅行（おんせんりょこう）

まとめ

ある言語の中で区別しないで使われる音声の集合を**音素**、同じ**音素**に入るが発音記号で書き分けられるくらい違う音声を**異音**という。ある音の前後にどのような音がくるかをその音の**音声環境**と呼ぶ。この**音声環境**によって説明でき、**異音**どうしの分布が重ならない、つまり**相補分布**している**異音**を**条件異音**という。反対に同じ環境に現れ、条件を見つけることのできない**異音**を**自由異音**という。

ちょっと国試に挑戦

●第5回88 日本語の音素の種類の数として正しいのはどれか。
1. 5
2. 約10
3. 約20
4. 約50
5. 約100

解答 3

●第6回83 「鹿」における音素として正しいのはどれか。
1. s、h、i、k、aの5つ
2. s、i、k、aの4つ
3. ʃ、i、k、aの4つ
4. i、aの2つ
5. シ、カの2つ

解答 2

●第7回70 ある音とその異音とについて正しいのはどれか。
1. 相補分布する。
2. 自由変音である。
3. IPA表記が同じである。
4. 構音点だけが異なる。
5. 構音様式だけが異なる。
ヒント　これは条件異音のことだね。

解答 1

●第8回76 条件異音が最も多いのはどれか。
1. カ行
2. サ行
3. ナ行
4. ハ行
5. ラ行

解答 4

●第9回70 日本語（共通語）の音韻体系で対立しない音の組合せはどれか。
1. [b]---------[p]
2. [t]---------[s]
3. [dz]--------[z]
4. [m]--------[n]
5. [n]---------[d]

解答 3

●第9回71 次の日本語子音音素のうち後続する母音音素が制限されるのはどれか。
1. /b/
2. /k/
3. /h/
4. /j/
5. /r/

解答 4

ヤ行は「や」「ゆ」「よ」の3つだけだよね

●第9回73 日本語について正しいのはどれか。
1. 頭子音を欠く音節は存在しない。
2. 語頭に3子音が連続することはない。
3. 語中に子音連続は現れない。
4. 閉音節は存在しない。
5. 単音節語は存在しない。

解答 2

●第10回75 日本語の音素について正しいのはどれか。
1. 無声摩擦音音素は三つある。
2. 有声摩擦音音素は二つある。
3. 破裂音音素は五つある。
4. 両唇破裂音音素は二つある。
5. 前舌母音音素は三つある。

解答 4

●第10回85 有声・無声の対立を示す最小対はどれか。
1. 「まめ」と「まね」
2. 「かみ」と「かび」
3. 「地質（チシツ）」と「資質（シシツ）」
4. 「橋（ハシ）」と「端（ハシ）」
5. 「パン」と「バン」

解答 5

●第11回136 ハ行子音として現れないのはどれか。
1. [ç]
2. [x]
3. [h]
4. [ɦ]
5. [f]

解答 5

第16章　音素

●第11回137 下線部で口腔内に完全な閉鎖が作られるのはどれか。
   a. か<u>ん</u>り　　（管理）
   b. か<u>ん</u>けい　（関係）
   c. か<u>ん</u>い　　（簡易）
   d. か<u>ん</u>やく　（簡約）
   e. か<u>ん</u>わ　　（緩和）

   1. a,b　2. a,e　3. b,c　4. c,d　5. d,e
                                    解答 1

●第17回37 日本語（共通語）の発音で「あぶない」の /b/ の異音として現れ得るのはどれか
   1. [p]
   2. [ʙ]
   3. [ɸ]
   4. [β]
   5. [f]
                                    解答 4

●第19回137 音韻論的にみてミニマルペアはどれか。
   1. 回収 --------- 改修
   2. 階段 --------- 階層
   3. 結果 --------- 効果
   4. 浜 ----------- 花
   5. 赤 ----------- 青
                                    解答 4

●第20回36 非円唇－円唇の母音の組み合わせでないのはどれか。
   1. [a] --------- [ɶ]
   2. [i] --------- [y]
   3. [ɯ] -------- [u]
   4. [e] --------- [ø]
   5. [o] --------- [ɔ]
                                    解答 5

●第20回37 日本語（共通語）の音素 /N/ の異音として出現しないのはどれか。
   1. [m]
   2. [n]
   3. [ɾ]
   4. [ɴ]
   5. [ŋ]
                                    解答 3

第17章

音節・モーラ

この章で学ぶこと
- 音節
- 音節構造
- モーラ（拍）
- リズム

🐏 音声分析ソフトとかで観察すると一見、区切れがなくずっとつながっているように見える音声。でも耳で聞くと区切れがあったり、それによってリズムを感じることがある。

🐷 ルン、ルン、ルン！

🐏 あるひとまとまりの音声を聞いて、区切れがどこに感じられるか？
また、音声から決まったリズムが感じられるか？　が今回のテーマだよ。

🐷 ルン、ルン、ルン！

🐏 何やってんの？

🐷 リズムとってるの。

🐏 あのね〜。

1. 音節

イェスペルセンの「聞こえ度」

🐏 **音節**って名前だけ聞いたことあるかな？

🐷 なにそれ？

🐏 う〜ん、じゃあ、まずは、基本的な定義からみてこうね。
音節の定義で有名なのはイェスペルセンって言う人の「**聞こえ度**」だよ。

🐏 図の上から順番に「聞こえ度」が高いんだって。

🐷 つまり、広母音が遠くまで一番よく聞こえるってこと？

🐏 そうだね。
で、音声を以下の図みたいに聞こえ度で書いていくと、山と谷ができる。
その山のところが目立って聞こえるし、山の数だけ音のかたまりが聞こえる。

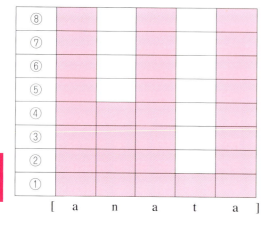

山を書いてみよう！

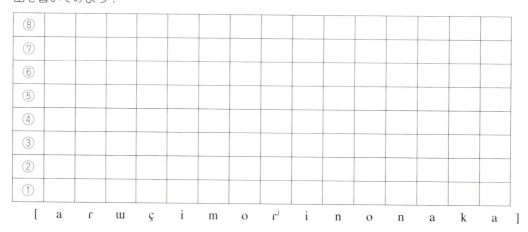

それぞれの音が①〜⑧のどれになるか考えて色を塗ってみよう！

答え！

音節に区切るとこんな感じ。

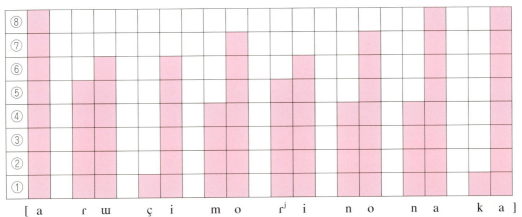

🐌 なんとなくわかるよね。

🐣 なんとなくね。

🐌 そのかたまりのひとつひとつを「**音節**」って定義してる。
ほかにも音節の定義はいろいろあってどれが正しいってことはないけど。
とりあえず、これが結構有名だから覚えとこう！

つまり、音節とは**聞こえ度の高い音を中心にしてできた固まり**で、
まわりの音は聞こえ度が低いので隣の音節との境界になっているって説だよ。

🐣 母音や、それに近い聞こえ度の高い子音が音節の中心になるんだね。
じゃあ、日本語の場合、母音ひとつで１音節と考えて OK ？

🐌 うん。
でも、長音とかは２音続いてるようだけど１音節だよ。
「おばさん」の「ば」も１音節、「おばあさん」の「ばあ」も１音節。

🐣 それって、なんかリズムへんじゃない？

🐌 いい質問だね。
じつは、日本語は音節でリズムをとってないって言われてる。
「**音節リズム**」なのはフランス語とかだよ。
じゃあ、日本語は？
とりあえず、音節の豆知識だけつけてからその話にもどるね。
ちょっと待ってて。

🐣 じらさないでよぅ。
はやく〜ぅ。

第17章 音節・モーラ

実験1 音節を感じてみよう！ 🎧 17-01

音声ファイルを聞いて何音節あるか聞き取ってみよう！
　　①てんどん　　②きって　　③たまちゃん

　　　①　　　　　　音節
　　　②　　　　　　音節
　　　③　　　　　　音節

2. 音節構造

😊 各言語の音節の構造を表す時に以下の決まりごとがあるから覚えとこう！

 とっても大切！

　　母音はVで表す。（**V**owel）
　　子音はCで表す。（**C**onsonant）
　　Vで終わる音節を「**開音節**」　　　　→ CVとかVとかCCVとか
　　Cで終わる音節を「**閉音節**」というよ。　→ CVCとかVCとかCCVCCとか

　　　　　　　母音の数だけ音節があるの？

😊 言語によってVとCの並びかたはいろいろある。
　言語によって使われる音節構造は違うよ。
　音節は普通、こんな構造をしている。
　　　（C）（C）V（C）（C）
　こんなふうに母音を中心として前後に子音がついてくんだ。
　Cに（　）がついてるのはあってもなくてもいいってこと。
🐷 母音のまわりの子音はあってもなくてもいいの？
😊 うん、母音一個だけでも音節になるよ。
🐷 あっ！さっき、母音の数が音節の数になるってやったね。
😊 そうだね。

また、CVCV という音の並びがあるとすると、どこで音節が切れるかは言語によって違う！
例えばこんな感じ。

日本語	英語
CV CV	CVC V
カ ラー	col or
[ka ɾa:]	[kʌl ɚ:]

🎧 17-02

- V が 2 つなので 2 音節ってことは変わらないけどね。
  日本語の音節は**基本的に C V という音節構造**になっている、つまり**開音節**になっているんだ。

[ɚ]…アメリカ英語特有の記号で [ə] をそり舌で発音したもの。

日本語ってみんな CV にしようとする。

- 外来語をカタカナで日本語にすることってあるよね。
  原語と比べるとおもしろいことがあるよ。
- なあに、それ？
- もとの言語で子音がいくつも続いていると言いづらいんで、
  どんどん母音を入れてっちゃうんだ。
  すると、音節の数がどんどん増える。
  たとえばね、サルトル（Sartre）って人の名前知ってる？
- たしか哲学者だったよね。
- これって、もとのフランス語じゃ 1 音節なんだ。

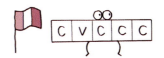

- え〜！ 日本語じゃ 4 個も母音ある！
  すご〜。4 音節！
- でも母音を抜いて言ってみて。
  とっても言いづらいよね。
- なるほど。

3. モーラ（拍_{はく}）

- ここまで音節について見てきたけど、残念ながら日本語は音節ごとに切れて聞こえるとは
  限らない。というか日本語には音節ごとのリズムが感じられない！って言われているんだ。
- 待ってました！
  じゃ、どんなリズムなの？
- 日本語のリズムは「**モーラ**」っていうものがもとになってるって言われているんだ。
- 「モーラ」って初耳。
- じゃあ、ちょっと説明しよう。

基本的には50音図でひらがな、カタカナ1文字は1モーラになるよ。
「1モーラ」のかわりに「1拍」と言うこともある。
どちらもほぼ同じ意味だよ。
ところで、俳句とか短歌は作ったことある？

🐙 昔、国語の時間に作らされた。

👹 じゃ、五、七、五とかが指折り数えられるよね？

🐙 それはできると思うけど。何か？
す・き・な・も・の　キャ・ラ・メ・ル　ケ・ー・キ　ア・ッ・プ・ル・パ……イ？
あっ、字余りだ！

👹 それがモーラリズムだよ。

🐙 えっ！そんなこと言われても…
50音図で1文字は1モーラ？でも「キャ」は2文字だ。

👹 長音になると2モーラ分、撥音、促音の部分は1モーラとするよ。
そう、拗音も1モーラだ。
「かあ」は2モーラ、「きゃ」は1モーラ、
「あっ」は2モーラ。

🐙 じゃ、「ぎょ！」は1モーラ、
「じぇ！」は1モーラ、「じぇじぇ」は2モーラだね。

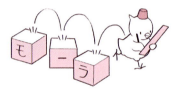

モーラ数のまとめ

直音	**き**	1モーラ
拗音	**ちゃ**	1モーラ
促音	きって	1モーラ
長音	ゲーム	1モーラ
撥音	りんご	1モーラ

👹 ついでに、撥音/N/、促音/Q/、長母音/H/、二重母音の後半の/J/のことを
特殊拍（特殊モーラ）ともいうことも覚えといて。

/a/	/i/	/u/	/e/	/o/			
/ka/	/ki/	/ku/	/ke/	/ko/	/kya/	/kyu/	/kyo/
/ga/	/gi/	/gu/	/ge/	/go/	/gya/	/gyu/	/gyo/
/sa/	/si/	/su/	/se/	/so/	/sya/	/syu/	/syo/
/za/	/zi/	/zu/	/ze/	/zo/	/zya/	/zyu/	/zyo/
/ta/	/ti/	/tu/	/te/	/to/	/tya/	/tyu/	/tyo/
/da/			/de/	/do/			
/na/	/ni/	/nu/	/ne/	/no/	/nya/	/nyu/	/nyo/
/ha/	/hi/	/hu/	/he/	/ho/	/hya/	/hyu/	/hyo/
/pa/	/pi/	/pu/	/pe/	/po/	/pya/	/pyu/	/pyo/
/ba/	/bi/	/bu/	/be/	/bo/	/bya/	/byu/	/byo/
/ma/	/mi/	/mu/	/me/	/mo/	/mya/	/myu/	/myo/
/ya/		/yu/		/yo/			
/ra/	/ri/	/ru/	/re/	/ro/	/rya/	/ryu/	/ryo/
/wa/							
/Q/							
/N/							
/H/							
/J/							

日本語のモーラは104種類だ！

【モーラの表】

では、ちょっと音節とモーラについての問題。

ポイントは…

音節は母音の数を数える！（発音記号に直して母音を数える）

モーラは指を折って数える！

だよ。

たとえば「みかん」だったら [mʲikaɴ] で母音は [i] と [a] の2つ。

指を折って数えると「みかん」で3モーラだ。

実験2 次の単語の音節数とモーラ数を数えてみよう！

おばさん、おばあさん、りんご、紅茶、チョコレート、パイナップル

ケンケンしちゃだめだよ！（笑） **まず、発音記号に直すと簡単だよ。**

おばさん（　　音節、　　モーラ）

発音記号 〔　　　　　　　　　　　〕

おばあさん（　　音節、　　モーラ）

　　　　〔　　　　　　　　　　　〕

りんご（　　音節、　　モーラ）

　　　　〔　　　　　　　　　　　〕

紅茶（　　音節、　　モーラ）

　　　　　〔　　　　　　　　　　　〕

チョコレート（　　音節、　　モーラ）

　　　　　〔　　　　　　　　　　　〕

パイナップル（　　音節、　　モーラ）

　　　　　〔　　　　　　　　　　　〕

4. リズム

俳句を作るときに日本語のモーラリズムをなにげなく使っているってことはわかったよね。
で、1モーラごとのリズムだけじゃなくて、
もう少し大きい単位のリズムがあるって気がついてるかな？
これも目からうろこもんだよ。
まずは、以下の実験をやってみよう！

実験3　2モーラフットを感じてみよう！　 17-03
　　　　　　　　　　　　　　　　　　　　🎧 17-04

お風呂で10まで数えてみて！
あと、電話番号を友達に言ってみよう。
「二（に）」、「四（し）」、「五（ご）」、「九（く）」の音声は1モーラだよね。
それ以外は2モーラ。
1モーラの数字は2モーラの数字と比較して半分の長さかな？
WaveSurferで長さを調べてみよう。

2モーラフット

「に」、「し」、「ご」、「く」の音声は1モーラだよね。
それなのに、2モーラの音とほぼ同じ長さに聞こえない？
WaveSurfer で調べてみるとまったく同じって
わけじゃないけど…結構長くなってる。
この現象を「**2モーラフット**」っていうんだ。
日本語では2モーラごとにリズムをとっているってことだよ。
倍の4モーラごとにもリズムがあることも…

だから、1モーラの数字は2モーラの数字の長さに合わせてのばす！
おもしろいでしょ？
いろんなとこに2モーラフットが現れるよ。
探してみて。

| ♪♪ | ♪♪ | ♪♪ | ♪♪ | ♪♪ | ♪♪ | ♪♪ | ♪♪ | ♪♪ | ♪♪ |
| いち | にー | さん | しー | ごー | ろく | しち | はち | くー | じゅう |

実験4　2モーラフット　俳句を詠んでみよう！ 17-05

　　　おんせいは
　　　まなんでみると
　　　おもしろい

俳句や短歌を感情を込めて、自然な感じに詠み上げてみよう。
各モーラがだいたい同じ長さになっているか WaveSurfer で長さを測ってみよう！
　　　「おんせいは」＋ポーズ
　　　「まなんでみると」＋ポーズ
　　　「おもしろい」
と3つの部分の最後にラベルをふってね。
Excel に読み込んで、それぞれの部分の長さを測ろう。やり方は14章を見てみて！

復習テスト

1. 普通、音節で中心になっているのは？
   ①母音　②子音
2. CVCは何音節？
   ①開音節　②閉音節
3. 日本語はほとんど何音節？
   ①開音節　②閉音節
4. 日本語は何リズム？
   ①音節リズム　②モーラリズム
5. 「りんご」は何音節？
   ①2音節　②3音節

●発音記号チェック17　　今までに出てきた発音記号で書いてみよう！

1. 感謝感激
2. 関東甲信越
3. 授業参観日
4. 完熟マンゴージュース
5. いったんもめん
6. 日本語音声学
7. シンデレラ城
8. こんぺいとう
9. 鉄腕アトム
10. 職人技

まとめ

　ことばのリズムを考えると、イェスペルセンの「聞こえ度」によって、聞こえ度の大きい母音を中心に考える**音節**によるリズムが有名であるが、日本語は**音節**ではなく**モーラ**という単位でリズムを取っていると言われている。また、日本語には、1モーラの2倍の2モーラでリズムを取る**2モーラフット**という現象もある。

ちょっと国試に挑戦

●第1回73　日本語モーラの総数に最も近いのはどれか。
1. 25
2. 50
3. 75
4. 100
5. 200

解答 4

●第4回70　音節数が最も多い語はどれか。
1. ロンドンっ子
2. 東京っ子
3. 北京っ子
4. モスクワっ子
5. ベルリンっ子

解答 4

●第4回91　仮名一文字に対応する音の単位はどれか。
1. モーラ
2. 単音
3. 音素
4. 子音
5. 形態素

解答 1

●第5回89　日本語のモーラ（拍）の例で正しいのはどれか。
1. きゅ
2. きゅん
3. きゅっ
4. きゅう
5. きゅうん

解答 1

●第5回91　日本語の2音節語の典型的な音配列はどれか。
1. VCVC
2. CVCC
3. CVVC
4. CVCV
5. CCCV

解答 4

●第6回85　「言語聴覚士」のモーラ数（拍数）はどれか。
1. 5モーラ
2. 6モーラ
3. 8モーラ
4. 9モーラ
5. 10モーラ

解答 3

●第7回74　日本語の等時性の単位はどれか。
1. 分節音
2. モーラ
3. 音節
4. 形態素
5. 文節

解答 2

●第8回70　五十音図が表している言語単位はどれか。
1. 音素
2. 分節音
3. モーラ
4. 音節
5. 形態素

解答 3

●第8回85　「パイナップル」と「チョコレート」のモーラ数（拍数）で正しいのはどれか。
1. 6と6
2. 6と5
3. 5と6
4. 5と5
5. 5と4

解答 2

●第9回85　1音節当たりのモーラ数が最も多いのはどれか。
1. ゴーッ
2. ゴトン
3. ビュッ
4. ビュンビュン
5. ビュワン

解答 1

●第10回73 音節数が異なる組合せはどれか。
1. 落下傘（ラッカサン）
   赤ちゃん（アカチャン）
2. 百貨店（ヒャッカテン）
   頭（アタマ）
3. トンチンカン
   ペチカ
4. ヨーグルト
   一番（イチバン）
5. 市役所（シヤクショ）
   完全看護（カンゼンカンゴ）

解答 4

●第11回38 音節数が最も少ない語はどれか。
1. サンドイッチ
2. たぬきうどん
3. とんこつラーメン
4. ハンバーガー
5. めだまやき

解答 4

●第11回44 日本語の音節構造について正しいのはどれか。
1. 閉音節が語末の位置に現れることはない。
2. 音節頭の位置で子音は3つまで連続できる。
3. モーラと音節は事実上同じ単位とみなされる。
4. 促音は母音の前に来ることができる。
5. 引き音（「ー」）は撥音より前に来る。

解答 5

●第14回39 「固形燃料ロケット」の音節数はどれか。
1. 7
2. 8
3. 9
4. 10
5. 11

解答 1

●第15回38 「かんぜんちょうあく（勧善懲悪）」の音節数とモーラ数の適切な組合わせはどれか。
1. 6----------9
2. 6----------8
3. 6----------7
4. 5----------9
5. 5----------8

解答 5

●第18回137 音韻論的にみて1音節中に含まれるモーラの最大数はどれか。
1. 1
2. 2
3. 3
4. 4
5. 5

解答 3

●第19回38 「研究支援センター」の音節数とモーラ数との組合わせで正しいのはどれか。
1. 5---------9
2. 5--------11
3. 6--------10
4. 6--------11
5. 7--------11

解答 4

●第20回38 音節の説明で正しいのはどれか。
1. 開音節とは母音で終わる音節のことである。
2. どの子音も核となり得る。
3. 個別の音節は言語間で共通である。
4. 物理的な長さは一定である。
5. 音韻の最小単位である。

解答 1

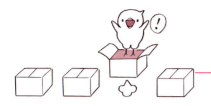

第18章
アクセント

この章で学ぶこと
・アクセント
・共通語のアクセント規則
・複合名詞のアクセント
・特殊拍とアクセント
・動詞や形容詞のアクセント

1. アクセント

🗿 今回は単語のアクセントについてみていこう。
🐷 単語のアクセントって？
🗿 聞いたこともない？
🐷 まったく知らないってわけじゃないけど、微妙〜！かな。
🗿 よく地方出身のアナウンサーとかが標準語のアクセントを練習してるって聞いたことない？
🐷 そうなの〜？
   もしかして方言とかによって違ったりする？
🗿 そうそう。
   単語のアクセントによって単語の意味を分けていることもある。だから大切！
🐷 そっか。
🗿 第14章で、分節ラベリングをしたよね。
🐷 うん。単音に切ってくのね。
🗿 そうそう。
   アクセントは分節音のならび、日本語の場合はモーラのならびの上から
   かぶさってくるものなんだ。
   例えばこんなふうにモーラがならんでいると…

【モーラの連続】　　　　【上からアクセントがかぶさった様子】

○｜○｜○｜○｜○　→　

👾 で、アクセントなどのことを**超分節的要素**、または**プロソディ**と呼ぶよ。覚えといて！
次回、勉強するイントネーションや強調も超分節的要素だよ。

🐥 へ～。分節を超えちゃうってことね。

👾 おっ、たまにはいいこというね。

🐥 いつもじゃん。ところで、方言ってかわゆいよね。大好き！

👾 あの～。ま、いっか。

実験1 「端」と「橋」と「箸」の違い

「端」と「橋」と「箸」の音声の違いは何だろう？
わかるかな？
WaveSurfer でピッチ曲線を出してみよう！

このはしわたるべからず
このはしをわたるな

👾 どんなふうに違うと思う？

🐥 「箸」とあとの2つは違う気がする。

👾 たとえば？

🐥 「箸」は落ちるけど、残りの2つは上がってる。

👾 うん、何が？

🐥 「端」と「橋」って同じじゃない？
いや、ちょっと違う気も…うえ～ん。わからないよう。

👾 では、種明かし！
日本語のアクセントは単語によって、音の高さの変化のしかたが決まっているんだ。
だから、日本語のようなアクセントを「**高さアクセント**」とか「**ピッチアクセント**」と言うよ。

🐥 「ピッチ」ってなあに？

👾 「ピッチ」っていうのは声の高さのことだよ。

🐥 へ～、そうだったんだ。

👾 他の例では、英語の「**ストレス（強勢）アクセント**」、中国語の「**声調**」とかがある。
ストレスアクセントは、強勢っていうから強くなるだけのような気がするけど、
本当は強さだけじゃないんだ。

🐥 えっ、そうなの。

👾 音節の強さ、高さ、長さ、音色などが総合して感じられるアクセントなんだ。
例としては…
phótogràph と photógrapher とかかな。　🎧 18-01
（´が第1強勢、｀が第2強勢）
声調はひとつの音節内でピッチの変化があるんだ。

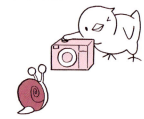

中国語の四声って聞いたことあるかな？
こんなんだよ。

> **実験2**　中国語の四声 18-02
>
> サポートサイトの音声で中国語の声調の音声を聞いてみよう！

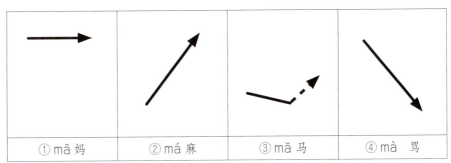

① mā 妈　② má 麻　③ mǎ 马　④ mà 骂

● うわあ！中国語ってすごいね。全部おんなじ「ま」に聞こえるよ。

● そうだね。日本語じゃこういう区別をしてないからね。

● 言語によっていろんな手段を使って単語の違いを表しているんだね。おもしろい！

2. 共通語のアクセント規則

> **実験3**　共通語のアクセント規則
>
> 日本語の共通語のアクセント規則について考えてみよう！

● ところで、日本語の共通語の単語アクセントには規則があるんだ。
まずは、それを見ていこう！
前置きとして、まず、何か単語があったとき、
単語の最初でピッチ…

● あっ、声の高さのことだったね。

● うん。で、まずピッチが上がって、まあ、最初から
高いこともあるけど、普通は上がって、
その後で下がるんだ。
この**「下がるところ」がポイント！**
単語の最初に上がるけど、
これは下がるためには上がらないといけないから上がるだけ。
だから、下がるところのほうが重要なんだ。

あがって…　さがる！

というか、日本語のネイティブスピーカーには普通ここが目立って聞こえるってことかな。
イメージはこんな感じ！

アルバイト

かぞく

🐦 モーラって覚えてる？

音節のところでやったよね。忘れちゃった人は見といてね。(第17章を見よう！)
アクセントの規則はこのモーラごとに考えるとうまく説明できるんだ。
上の図のピッチ曲線が下がっているところの直前のモーラに
アクセント核(かく)があるって言う。

ついでに、このピッチの下がってるところを下がり目、**アクセントの滝**とも言う。

実験 4　共通語のアクセント規則

下の表の○のうち、高く発音されるところを黒く塗ろう！　🎧 18-03

次に、下がり目を見つけよう！　●○ があったら `」` を書き入れて　●○ にする

はし(箸) ○○	はし(橋) ○○	はし(端) ○○		
レタス ○○○	たまご ○○○	むすめ ○○○		
たんぽぽ ○○○○	えりまき ○○○○	かみなり ○○○○	おとーと ○○○○	すきやき ○○○○

規則を見つけてみよう！

．．．
．．．
．．．
．．．

答え！

はし（箸） ●⌐○	はし（橋） ○●	はし（端） ○●		
レタス ●⌐○○	たまご ○●⌐○	むすめ ○●●		
たんぽぽ ●⌐○○○	えりまき ○●⌐○○	かみなり ○●●⌐○	おとーと ○●●●	すきやき ○●●●

😺 で、次が重要！ アクセント核の位置、つまり「下がり目はどこか」ってことには規則があるんだ。ということで、下の表を見てみよう。

ポイント

共通語のアクセント規則　　どこにアクセントがあるか？

	起伏式 アクセント核がある（有核語）				平板式 アクセント核がない（無核語）
	頭高型	中高型		尾高型	平板型
①	⌐̄	⌐̄	⌐̄	⌐̄	⌐̄
②	○⌐○○○▷	○●⌐○○▷	○●●⌐○▷	○●●●▷	○●●●▷
③	●○○○▷	○●○○▷	○●●○▷	○●●●▷	○●●●▶
④	HLLL(L)	LHLL(L)	LHHL(L)	LHHH(L)	LHHH(H)
⑤	1型	2型	3型	4型	0型
⑥	-4	-3	-2	-1	0
例	た'んぽぽ（を）	えり'まき（を）	かみな'り（を）	おとうと'（を）	すきやき（を）

●、Hは「高い」、○、Lは「低い」ということ。
▷、▶やカッコに入った（L）、（H）は助詞の高さを表す。
「例」のアポストロフィ（'）は⌐と同じく下がり目を表している。

〈規則1〉 第一モーラと第二モーラの高さが違う。
〈規則2〉 一度下降したら同じ単語の中では再び上昇しない。
〈規則3〉 Nモーラの単語のアクセント型はN＋1通りある！

🐙 これって何？

😺 4モーラ語、つまり4モーラからできている単語にはどんなアクセントの型があるかってまとめた表だよ。アクセント表記の方法にはいくつかある。

ここでは、同じことを①〜⑥の6通りの表し方で表すとどうなるか書いてみたよ。

🐷 いろいろあるねえ。

〈規則1〉は…**第一モーラと第二モーラの高さが違う。**

ってあるよね。

頭高型のように第一モーラが高ければ第二モーラが下がっているし、

他の型のように第一モーラが低ければ第二モーラが上がっているよね。

🐷 ふん、ふん。そうだね。

🗿 この規則については②の表記（高さの違う白丸）がわかりやすいので、それで見てみよう。

🗿 次の①〜④のうち、正しい（ありうる）ピッチ変化のパターンに○をつけてみよう！

① (　)	② (　)	③ (　)	④ (　)
○ ○○○	○○ ○	○○ ○○	○ ○○○

🗿 で、次いってみよう。

〈規則2〉**一度下降したら同じ単語の中では再び上昇しない。**

この規則については①の表記（曲線）で見るのがわかりやすい。

🗿 次の①〜④のうち、正しい（ありうる）ピッチ変化のパターンに○をつけてみよう！

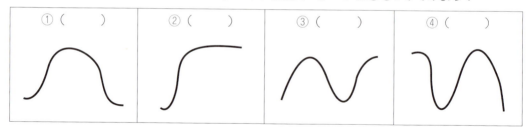

🐷 わ〜あ、本当だ。すごいね。大発見だ。

🗿 頭高型は第一モーラが高く、第二モーラが低くなっているもの。
　その他は第一モーラは低く、第二モーラが高い。
　中高型は語の途中で低くなるもの。
　尾高型と平板型は単語の最後まで高い。
　尾高型と平板型の違いは単語のあとに助詞をつけてみないとわからない。
　尾高型は助詞の前で落ちるもの。
　平板型は助詞もそのまま高いものだよ。
　頭高型、中高型、尾高型を**起伏式（有核）**、
　平板型を**平板式（無核）**ともいうよ。

🗿 ちなみに、さっきの規則1と2の答えは、両方とも①、②だよ。

有核、無核はアクセント核（下がり目）があるかないかに注目した言い方だね。

🔍 最後にこの2つの規則から次の表をうめてみよう。

実験5 　○の高いところを●にしてみよう。　 18-04

モーラ数ごとに何通りあるか数えてみよう。
規則はあるかな？

1モーラ	2モーラ	3モーラ	4モーラ
○（○） 火（が）	○○ 箸	○○○ レタス	○○○○ たんぽぽ
○（○） 日（が）	○○（○） 橋（が）	○○○ たまご	○○○○ えりまき
	○○（○） 端（が）	○○○（○） むすめ（が）	○○○○ かみなり
		○○○（○） りんご（が）	○○○○（○） おとーと（が）
			○○○○（○） すきやき（が）
（　）通り	（　）通り	（　）通り	（　）通り

単語が　1モーラの時はアクセントの型は2通り
　　　　2モーラの時は3通り　　3モーラの時は4通り　　4モーラの時は5通り

 答え！

1モーラ	2モーラ	3モーラ	4モーラ
●（○） 火（が）	●○ 箸	●○○ レタス	●○○○ たんぽぽ
○（●） 日（が）	○●（○） 橋（が）	○●○ たまご	○●○○ えりまき
	○●（●） 端（が）	○●●（○） むすめ（が）	○●●○ かみなり
		○●●（●） りんご（が）	○●●●（○） おとーと（が）
			○●●●（●） すきやき（が）
（2）通り	（3）通り	（4）通り	（5）通り

💬 単語のモーラ数が1つ増えると中高型が1種類ずつ増えるんだね。

🐥 するどい！
ということで、「〈規則3〉 Nモーラ語のときはN＋1通り」となるんだ。

💬 うわ〜、きれいにまとまってるんだね。
おみごと。

🐥 ちなみに、①〜④以外の表記の説明もしとこうね。
⑤はアクセント核が前から何番目のモーラにあるかで表記。
⑥はアクセント核が後ろから何番目のモーラにあるかで表記してる。

💬 いろいろあるんだね。

3. 複合名詞のアクセント

🐥 さってと、名詞のアクセント規則を一通り見たけど、これらの名詞が複合名詞になるとおもしろい現象がある。
それもちょっとだけのぞいてみようね。

実験6 複合名詞を作ってみよう！

○○のところに以下の名詞を入れて、複合名詞を作ってみよう。
　　○○ジュース・○○ラーメン・○○そば
　　○○せんもんてん・○○よーちえん
　　○○おとこ・○○おんな・○○もんだい・○○だいがく

ブルーベ￤リー、レ￤タス、メ￤ロン、いちご、ざ￤くろ、かき（柿）、うめ、
ぶどう、ゆ￤ず、オレ￤ンジ、スイカ、パイナ￤ップル、み￤かん、バ￤ナナ、りんご、
グレープフル￤ーツ、マ￤ンゴー、にんじん、やさい、ぎゅうにゅう
バ￤ター、コ￤ーン、じゃがいも、キャ￤ビア、しょうが、たまね￤ぎ
チョコレ￤ート、ヨーグ￤ルト、チ￤ーズ、カレー、こしょ￤う、ハマチ、イモ、ナ￤ス
キ￤ムチ、シューマイ、マグロ、う￤に、れんこん、か￤き（牡蠣）、コーヒ￤ー
ハンバ￤ーグ、キャ￤ベツ、いか、た￤こ、たま￤ご、ト￤マト、はくさ￤い、ダイコン
ギョーザ、エビ、アサリ、とーふ￤、さんま、さば、いわし
ホッカ￤イドー、ナガ￤サキ、ハカタ、トーキョー、ヒロシマ、オーサカ、コ￤ーベ

――は高く発音するモーラ、￤は下がり目を表す。
でき上がった複合名詞のアクセント型はどうなっている？

こんなふうになってる
ジュ̄ース（頭高型） → ○○ジュ̄ース
せんも̄んてん（中高型） → ○○せんも̄んてん
おとこ̄（尾高型） → ・○○お̄とこ
もんだい（平板型） → ○○も̄んだい

前半の要素はアクセント核がなくなるんだね。

4. 特殊拍とアクセント

🤖 特殊拍にはアクセント核がこられないんだ。
👹 特殊拍って何だっけ？
🤖 2モーラから成る音節を**重音節**といい、その2モーラ目を**特殊拍**っていう。
👹 へ〜。
🤖 重音節の2モーラ目には、撥音「ん」/N/・促音「っ」/Q/・長母音 /H/・
二重母音の後半 /J/ しかくることができない。
これらを特殊拍っていうんだ。

図にするとこんな感じだよ。

例としてはね…
せんたく ／seN.ta.ku／ の ／seN／

あっさく ／aQ.sa.ku／ の ／aQ／ ─┐
とーちゃく ／toH.tya.ku／ の ／toH／ ├── 重音節の第二要素
かいしゃく ／kaJ.sya.ku／ の ／kaJ／ ─┘

は全部重音節！
○が特殊拍だよ。つまり、重音節の第二要素。
👹 で、何が起こるの？わくわく！
🤖 **特殊拍はアクセント核になれない。なりそうな時は、核の位置が1モーラ前に移動するよ。**

🐤 う〜ん。難解！

👽 たとえば、こんな例。

> **実験7**　特殊拍とアクセント核
>
> ○○機・○○器のアクセント型を考えてみよう。

そーじき	○ ○ ○ き
しょーかき	○ ○ ○ き
でんわき	○ ○ ○ き

 解答 🎧 18-05

そーじき	○ ● ●⌐ き
しょーかき	○ ● ●⌐ き
でんわき	○ ● ●⌐ き

👽「き」の前が特殊拍じゃないとこうなるね。

👽 じゃあ、特殊拍がくるとどうなる？

しゃしんき	○ ○ ○ き	せんめんき	○ ○ ○ ○ き
しょーこーき	○ ○ ○ ○ き	びがんき	○ ○ ○ ○ き
はんばいき	○ ○ ○ ○ き	だっこっき	○ ○ ○ ○ き
せんたっき	○ ○ ○ ○ き	かんそーき	○ ○ ○ ○ き
かくはんき	○ ○ ○ ○ き	あっさっき	○ ○ ○ ○ き
じょーすいき	○ ○ ○ ○ き		

 解答 🎧 18-06

しゃしんき	○ ●⌐ ○ き	せんめんき	○ ● ●⌐ ○ き
しょーこーき	○ ● ●⌐ ○ き	びがんき	○ ● ●⌐ ○ き
はんばいき	○ ● ●⌐ ○ き	だっこっき	○ ● ●⌐ ○ き
せんたっき	○ ● ●⌐ ○ き	かんそーき	○ ● ●⌐ ○ き
かくはんき	○ ● ●⌐ ○ き	あっさっき	○ ● ●⌐ ○ き
じょーすいき	○ ● ●⌐ ○ き		

「き」の直前が特殊拍の場合は、アクセント核がその1つ前のモーラにずれたね。

5. 動詞や形容詞のアクセント

これは名詞よりはちょっとは簡単。
動詞の終止形（連体形も同じ形だよね）についていえば、
無核語（平板型）と
語尾から2つ目のモーラにアクセント核を持つ（これを－2型と
呼ぶことがある）有核語の2種類しかないんだ。

> **実験8** 動詞と形容詞のアクセント型
>
> 動詞と形容詞のアクセント型を考えてみよう。

動詞

かく(書く)	○○	よむ	○○	さく(咲く)	○○	きく	○○
たべる	○○○	おきる	○○○	あそぶ	○○○	おどる	○○○
あるく	○○○			わらう	○○○	うたう	○○○
たのしむ	○○○○	よろこぶ	○○○○	はたらく	○○○○	うまれる	○○○○
しらべる	○○○○	おぼえる	○○○○	ならべる	○○○○		

 解答 18-07

かく(書く)	●○	よむ	●○	さく(咲く)	○●	きく	○●
たべる	○●○	おきる	○●○	あそぶ	○●●	おどる	○●●
あるく	○●○			わらう	○●●	うたう	○●●
たのしむ	○●●○	よろこぶ	○●●○	はたらく	○●●●	うまれる	○●●●
しらべる	○●●○	おぼえる	○●●○	ならべる	○●●●		

🎧 18-08

◇ ～ま￣す、～ま￣した、～ませ￣ん が後ろにつくとこうなる！
　たべ￣る → たべま￣す、たべま￣した、たべませ￣ん
　あそぶ → あそびま￣す、あそびま￣した、あそびませ￣ん

形容詞

いい	○○	こい（濃い）	○○
たかい	○○○	あつい（厚い）	○○○
あつい（熱い）	○○○	あかい	○○○
ちかい	○○○	あまい	○○○
やさしい	○○○○	うれしい	○○○○
おいしい	○○○○	かわいい	○○○○

 解答 18-09

終止形（連体形）は動詞と同じように平板型と－２型のみだよ。

いい	●○	こい（濃い）	●○
たかい	○●○	あつい（厚い）	○●●
あつい（熱い）	○●○	あかい	○●●
ちかい	○●○	あまい	○●●
やさしい	○●●●	うれしい	○●●○
おいしい	○●●●	かわいい	○●●○

コラム　地方方言のアクセント

今まで標準語のアクセントについて見てきたけど。
日本語にはいろいろな地方方言があるよ。ちょっとだけ見てみよう。
まずは、方言全体ではこんなふうに分かれると言われている。
アクセントだけでなく語彙や文法も含めての分類だよ。

わ〜あ！こんなにあるんだ。

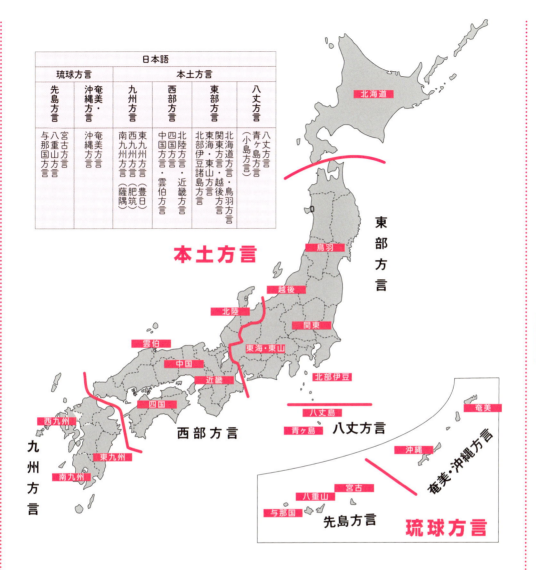

『方言指導掛図』平山 輝男 他、ぜんきょう（1980年頃）の掛図 を参考に作図

🗿 で、次はアクセントについて。

👾 **東京式**、近畿・四国地方の**京阪式**とか聞いたことあるよ。

🗿 茨城とか宮城、福井みたいに**無アクセント方言**もあるんだ。
何拍語でも一種類のアクセントになってしまう**一型アクセント**というものもある。

👾 じゃあ**二型アクセント**は何拍語でも二種類のアクセントってこと？

🗿 うん。
じゃあ、最後に「ありがとう」って語のバリエーションを見てみよう！

👾 アクセントも違うけど、語彙もこんなに違うんだ！日本って広い！

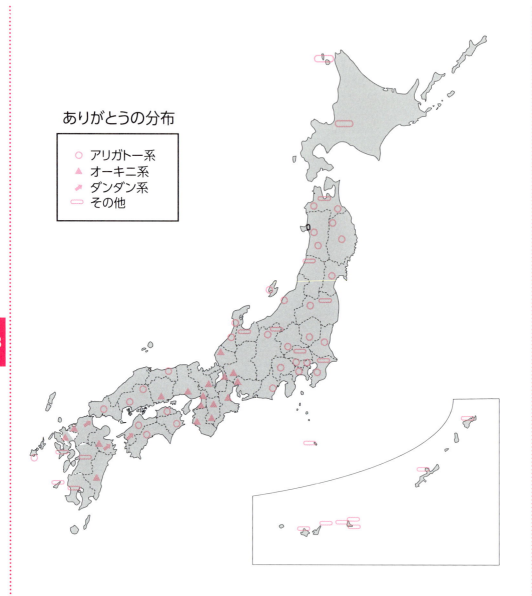

ありがとうの分布
- ○ アリガトー系
- ▲ オーキニ系
- ✒ ダンダン系
- ⬭ その他

北海道	アリガトー [ariŋatoː]	宮城	アリガト [ariŋado]	会津	アリガトー [ariŋatoː]
茨城	アリガトー [ariŋatoː]				
埼玉	アリガトー [arigatoː]	千葉	アリガトー [ariŋatoː]		
東京	アリガトー [ariŋatoː]	長野	アリガトー [ariŋatoː]	静岡	アリガトー [arigatoː]
山梨	アリガトー [ariŋatoː]				
島根	アリガトー [arigatoː]	広島	アリガトー [ariɡatoː]		
大分	アリガトー [ariɡatoː]	香川	アリガトー [arigatoː]		
徳島	アリガトー [arigatoː]	愛媛	アリガトー [ariɡatoː]		

『現代日本語方言大辞典1』平山 輝男 他編、明治書院（1992）263-267 ページを参考に作成

実験9　「ありがとう」「あいうえお」のアクセント型

自分で「ありがとう」を発音して、どんなアクセント型になっているか調べよう。
また、「あいうえお、かきくけこ、…」のアクセント型を調べてみよう。

ありがとう　○○○○○
あいうえお　○○○○○　　かきくけこ　○○○○○

p.198の「ありがとう」の地図のアクセント型じゃないこともある。
文字を読んだ時と、自然に発音した時でも違うかもね。

復習テスト

1. 日本語のアクセントは？
   ①ストレスアクセント　②ピッチアクセント
2. ピッチが下がる直前のモーラを何という？
   ①アクセント核　②アクセントの滝
3. 日本語の共通語のアクセント規則では、Nモーラ語にはいくつの型がある？
   ①N通り　②N＋1通り
4. 重音節は何モーラ？
   ①2モーラ　②3モーラ
5. 撥音・促音・長母音・二重母音の後半をなんという？
   ①アクセント核　②特殊拍

● 発音記号チェック18　　今までに出てきた発音記号で書いてみよう！

1. ちゃんちゃんこ
2. おしくらまんじゅう
3. 林間学校（りんかんがっこう）
4. 向上心（こうじょうしん）
5. 老若男女（ろうじゃくなんにょ）
6. フルーツあんみつ
7. 海千山千（うみせんやません）
8. 音韻論（おんいんろん）
9. 両唇音（りょうしんおん）
10. 丹頂鶴（たんちょうづる）

▼ クイズ　🎧 18-10

音声ファイルを聞いてアクセント型を書いてみよう！ 高いところを●にしよう。

さくら　　　　1.○○○　2.○○○　3.○○○　4.○○○　5.○○○

ひまわり　　　1.○○○○　2.○○○○　3.○○○○　4.○○○○　5.○○○○

かたつむり　　1.○○○○○　2.○○○○○　3.○○○○○　4.○○○○○
　　　　　　　5.○○○○○

ほうれんそう　1.○○○○○○　2.○○○○○○　3.○○○○○○　4.○○○○○○
　　　　　　　5.○○○○○○

まとめ

　日本語の単語アクセントは**ピッチ**アクセントであり、声の高さによって単語の意味を区別している。英語の**強勢**アクセントや中国語の**声調**のようなアクセントもある。日本語の共通語のアクセントには規則があり、第1モーラと第2モーラの**高低**が違い、高い部分は**1ヶ所**しかなく一度下がったら再び上がらない。その結果、Nモーラの単語には**N + 1**通りの型がありうる。

ちょっと国試に挑戦

●第1回75　日本語アクセントの主要な物理的関連量はどれか。
1. 基本周波数
2. ホルマント
3. 音声振幅
4. 持続時間長
5. スペクトル

解答 1

●第2回71　日本語（東京語）の名詞アクセントとしてあり得ないのはどれか。（○低，●高）
1. ○●●●
2. ○●●○
3. ○●○○
4. ●○○○
5. ○●●○

解答 2

●第2回86　正しいのはどれか。
1. 音声学は音韻論に含まれる。
2. 音素とは語を区別する基礎となる音の最小単位である。
3. 日本語には約50の音素がある。
4. 日本語には約50のモーラ（拍）がある。
5. 日本語のアクセントは語を区別する働きをもたない。

解答 2

●第3回73　日本語のアクセントについて誤っているのはどれか。
1. 語について定まっている。
2. ピッチによって伝達される。
3. 意味の相違に関係する。
4. 明らかな方言差が存在する。
5. 実質語にだけアクセントがある。

解答 5

名詞や動詞のような実質語だけでなく、助詞、助動詞、接続詞などの機能語にもアクセントが決まっているものもあるよ。

●第4回76　日本語（東京方言）のアクセント核の重要な特徴はどれか。
1. ピッチが下がる。
2. 母音が延びる。
3. 母音が強まる。
4. ピッチが高まる。
5. 調音が明瞭になる。

解答 1

●第5回74　日本語（東京方言）の3モーラ名詞のアクセント型の種類で正しいのはどれか。
1. 1種類
2. 2種類
3. 3種類
4. 4種類
5. 5種類

解答 4

●第7回79　単語W1、W2から複合語W1W2を作るとき変化しないのはどれか。
1. W1のアクセント型
2. W2のアクセント型
3. W1の語頭子音
4. W2の語頭子音
5. W1の語末母音

解答 3

●第9回88　日本語（東京方言）の4モーラ名詞のアクセントで、あり得るのはどれか。
1. 第1モーラと第2モーラの高さが同じ。
2. 第2モーラが低く第3モーラが高い。
3. 第3モーラが高く第4モーラが低い。
4. 第1モーラと第4モーラだけが高い。
5. 4つのモーラすべてが低い。

解答 3

●第14回 137　01(2345)6789 のような電話番号を2桁ずつまとめて読むときに起こる現象はどれか。
1. 音節数のみをそろえる。
2. モーラ数のみをそろえる。
3. アクセントの型のみをそろえる。
4. 音節数とアクセント型をそろえる。
5. モーラ数とアクセントの型をそろえる。

解答 5

ゼロイチ　ニーサン　ヨンゴー　ロクナナ　ハチキュー　のように4モーラごとに3型のアクセント型にそろうんだ。

●第15回 141　日本語（共通語）のアクセントについて適切なのはどれか。
1. 1形態素に1個のアクセント核が現れる。
2. 複合語では前部要素にアクセント核が現れることが多い。
3. 4モーラ動詞には5種類のアクセント型が存在する。
4. 受身の形態素それ自体はアクセントを持たない。
5. 「日」と「火」のアクセントは同じである。

解答 4

動詞に受身の「れる・られる」がついた形のアクセント型は、動詞が平板型なら平板型、動詞が－2型なら－2型になる。「れる・られる」そのものはアクセント型を持たないんだ。

●第16回 138　共通語（東京方言）の4モーラ動詞終止形のアクセント型として存在しないのはどれか。
a. 高低低低
b. 低高高低
c. 低高高高
d. 高高低低
e. 低高低高
　1. a, b, c　2. a, b, e　3. a, d, e
　4. b, c, d　5. c, d, e

解答 3

●第17回 43　共通語（東京方言）のアクセントからみて1語になっていないのはどれか。
1. 新基準
2. 無制限
3. 前総理
4. 最終便
5. 食べ放題

解答 3

●第17回 137　アクセントの機能はどれか。
a. 和語と漢語を区別する
b. 語幹と語尾を区別する
c. 語を弁別する
d. 語の結合を示す
e. 動詞の活用形を示す
　1. a, b　2. a, e　3. b, c
　4. c, d　5. d, e

解答 4

●第18回 142　共通語（東京方言）の複合語のアクセント規則に従わないのはどれか。
a. 原田さん
b. 山田君
c. 鈴木氏
d. 仙台市
e. 中野区
　1. a, b　2. a, e　3. b, c
　4. c, d　5. d, e

ヒント 「～さん」「～君」は名前のアクセント型がそのまま残るよ

解答 1

●第20回 136　共通語（東京方言）のアクセントで尾高型はどれか。
1. おんな（女）
2. くるま（車）
3. さくら（桜）
4. すいえい（水泳）
5. でんわ（電話）

解答 1

第19章
イントネーション・強調

この章で学ぶこと
・イントネーションとは？
・ポーズとフィラー
・文構造を表すイントネーション
・強調（プロミネンス・卓立）

1. イントネーションとは？

🐻 音声の高低の変化について、前回「アクセント」ってのを勉強したよね。
日本語の共通語のアクセント規則も習った。覚えてるかな？

👹 だいたいはね。
「ちょーぶんせつてきようそ」だったよね。
今回も超分節的要素の話なの？

🐻 うん、前回は単語のアクセントだったよね。

👹 そうだよ。

🐻 じゃあ、単語をつなげて、もっと長い文になったらどうなる？
単語の時と同じかな？

👹 ちがうっていいたいんでしょ？

🐻 うふ。わかってきたね。

実験1　単語と文　🎧 19-01

（A）次の文を WaveSurfer で#のところで区切って録音してみよう。
　　　　「おいしい#ぶどうと#りんごを#食べた」
（B）また、文全体を続けて録音してみよう。
次に、（A）の各部分を WaveSurfer でポーズを切り取って
（ポーズの部分を選択して、ハサミのボタンで切り取ろう）、
ひとつの文にして聞いてみよう。
ピッチ曲線はどうなってるかな？
自然に聞こえるかな？

文全体のピッチの変化を見てみると…

😊 以下のように３段階の性質を持っているよ。
　　①単語のアクセント
　　②アクセント句
　　③イントネーション句

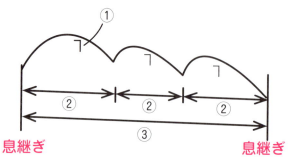
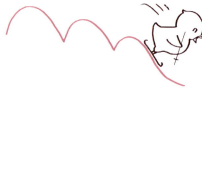

😊 上の図を参考にしてね。
　まずは、単語個別のアクセントがある。
　話し始めはピッチが上昇し、アクセント核のあとの**「下がり目」が大切**だったね。

🐷 うん。

😊 実際に文を発音するときには、単語よりもう少し大きいかたまりになる。
　これを**アクセント句**というよ。
　でも、ひとつアクセント句の中にはアクセント核はひとつしかない。

　次の文をどこで切って言うかに注意して言ってみて。
　「あるひもりのなかでくまさんにであった」

🐷 「あるひ、もりのなかで、くまさんに、であった」かな？

😊 そうそう。

　アクセント句の頭はピッチが上がっているんだ。
　これを**句頭の上昇**っていう。

🐷 これってなんかの役に立ってるの？

😊 もちろん！聞き手にここで切れているって示してるんだ。

🐷 切れてるってどういうこと？
　音がないってこと？

🗿 正確に言うと聞き手が「切れてる」って感じることかな。
実際には音がつながっていても切れてるって感じることもある。
ピッチが突然上がるとその直前で切れてるって感じるんだ。
本当は切れてなくてもね。

🐻 へ〜、人の耳って不思議だね。
🗿 うん。世界の七不思議。

🐻 で、どこで切ってるの？
🗿 区切りに「ね〜」をつけるとわかりやすいかな？
🐻「あるひね〜、もりのなかでね〜、くまさんにね〜、であった」って？
🗿 そうそう。

でね、絶対ここで切らなくちゃいけない！ってとこと、
どっちでもいいってとこがある。
🐻 どういうこと？
🗿 切らないと相手が文の構造がわからなくて意味が通じなくなるところと、
切らなくても意味は変わらないけど切るとこがあるんだ。

🐻 それって、アクセント句の区切りが文の**統語構造**と違うこともあるってこと？
🗿 お〜！統語構造って難しいことばを知ってるね。
🐻 えっへん。
🗿 じゃ、説明してみて。
🐻 簡単にいうと文の中の単語の並び方じゃなかった？
🗿 ま、これについては「3. 文構造を表すイントネーション」のところで見ることにするね。

最後は、**アクセント句がいくつか集まって、「息継ぎ」をするかたまり**。
つまり**イントネーション句**というかたまりだ。

人間は息継ぎしないとしゃべり続けられない。
🐻 あたりまえじゃん。
アトムじゃないもん。
🗿 当たり前かもしれないけど、これが結構大事だよ。
🐻 なんで？
🗿 イントネーション句の始まりはまず、ピッチが上昇して、
次の息継ぎまでだんだんとピッチが落ちていくんだ。
イントネーション句の中にアクセント句が2つ以上あると、そのアクセント句の高い部分が
自然にだんだん下がっていくんだ。特別に強調されたりしない限りね。
これを**ダウンステップ**とか、**カタセシス**って言う。

で、息継ぎをするとまたピッチが上がってから下がる。
この繰り返しだよ。

🐷へ〜、おもしろい！

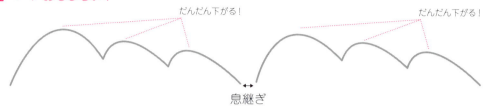

だんだん下がる！　　　　　　　　だんだん下がる！

息継ぎ

👾人は呼吸をしないとしゃべれないよね。

🐷まあ、そうだよね。

👾息継ぎは必須だよね。

🐷うん。しなかったら死んじゃうよ。

👾しゃべり続けていると肺の中の空気がだんだん減ってくよね。
で、また息継ぎ。
これに合わせてピッチが下がっていくんだ。
このことをピッチの**自然下降**っていう。
ダウンステップも自然下降の一種だよ。
で、そのあとまた、息継ぎ。
長い文をピッチ曲線を見ながら下がらないように、
つまり自然下降がないように発音してみて。

🐷「あるひ→、もりのなか→、くまさんに→、であった→…」
なんかおかしな感じぃ…　　🎧 19-02
というか、苦しい〜！
だって、空気が少なくなってるのに力んで話さないとピッチは同じにならないんだもん。

👾そうだね。

🐷自然に聞こえるためには、やっぱり微妙に下がる必要があるんだ。
というより、もっと力抜いてもいいんだよね。

👾そうそう。

🐷自然下降って自分では意識してないからとっても不思議な感じだよね。

👾それに聞いている方も気にしてないところがまた七不思議だよね。
話し相手が、今、下がった！ほら！息継ぎしそう！なんて考えないもんね。

🐷まったく。

実験2　イントネーション句の最後のピッチ変化　🎧 19-03
（句末のイントネーション）

次の文の句末に書いてあるイントネーション曲線をまねて発音しよう。
次に、WaveSurferで録音してピッチ曲線も確認しよう。

① 下降調「かわいい」

② 上昇調「かわいい」

③ 平坦調「かわいい」

④ 上昇下降調「かわいい」

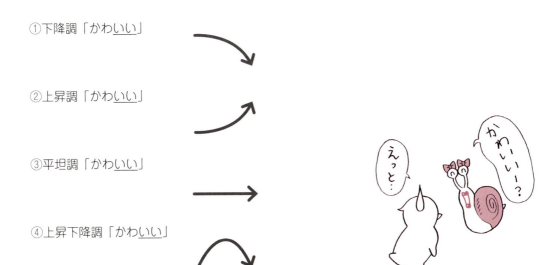

🐌 下線の部分だけを変化させよう！「おいしい」でもいいよ。

① それぞれのイントネーション句に話し手のどんな意図や態度が込められているか考えてみよう。また、友達と話し合ってみよう。
② また、句末で文が切れて聞こえる文、続いて聞こえる文はどれかについても考えてみよう。

話し手の意図や態度（あくまで想像）を書いてみよう！

①下降調

②上昇調

③平坦調

④上昇下降調

第19章　イントネーション・強調

👾 それぞれ、どんな意図を表しているかな？

🐷 う〜ん。難しいね。
何かいいたいってことは感じられるんだけど。
はたして何って言われると…ね。
自分が考えたのが話し手の意図と同じかどうかは自信ないよ。

👾 そうだね。
ピッチの変化が話し手の込めた気持ちに関係ありそうってことは
言われているけど。
もともといろいろな要素が複雑にからみあっているんだ。
声の質だってちがってたり…

🐷 そうそう。

👾 どんなに条件がそろってても勘違いされることもあるしね。

🐷 あるある。

👾 とりあえず、句末のイントネーションを上げたり、下げたりするってこと。
それに意味があるかもね？ってところは押さえとこ。

🐷 了解！

2. ポーズとフィラー

👾 「ポーズ」ってなんだ？

🐷 そのままだと「お休み」？

👾 そうだね。音声の連続があって、音声が途切れて「休止」に聞こえるところ。

🐷 音がなくなっちゃうところ？

👾 そういうこともあるね。

🐷 じゃ、そうじゃない時もあるの？

👾 実は、音がつながってても切れて聞こえることもあるんだ。

🐷 へ〜。空耳ってこと？

👾 ある意味ね。だから**休止に「聞こえる」**ってとこが大切！
　人によっては、「**フィラー**」とかもポーズの仲間にする場合もあるよ。

🐷 えっと、あの〜、フィラーってなあに？

👾 日本語では、「え〜と」とか「あの〜」とかのことだよ。

🐷 何かに役立っているの？
　えっと、とか、その〜ってあんまり言わないほうがいいと思ってた。

👾 話したいことが見つからないとき、または頭の中で考えているときに使うんだ。

🐷 えっ、あれに意味があったんだ。

👾 ありそうって言われてるよ。
　ポーズもただの休止というだけでなく、音声の連続の中でなにか意味を持っているみたいだ。
　なにしろ、ポーズがいっさいなかったらとっても聞きにくい文になると思うよ。

● 確かに。

実験3　ポーズなしの文　🎧 19-04

次の文をできるだけ一息に言ってみて。誰かに聞いてもらおう。意味がわかるかな。

九州と中国・四国では広く雨が降っています。九州は昼過ぎまで雨や雷雨となりますが、夕方以降はやむでしょう。中国・四国から近畿は雨が続き、東海から東北、北海道も次第に雨の範囲が広がる見込みです。激しく降ることもありますので、土砂災害や河川の増水に警戒してください。関東も雲の多い状態が続きますが、南部を中心に晴れ間の出る所もありそうです。

● やっぱり、ポーズって大事だよね。
　ないと全然意味わかんないもん。

🐣 フィラーにもいろいろな機能があると言われているよ。
● へ〜、えっと、あの〜、この〜、その〜、おもしろいんだね。

3. 文構造を表すイントネーション

実験4　ポーズによる文構造の表現　その1　🎧 19-05

次の二文を#のところにポーズを入れて読み分けて WaveSurfer で録音してみよう。

　A　「海岸で#うにとひとでを見つけた」
　B　「海岸で#うにとひとでを#見つけた」

ピッチ曲線も見てみてね。
どんな特徴があるかな？

● どっちの区切り方をしても文の意味は変わらないよね。
🐣 そうだね。
● つまり、あってもなくてもいいんだ。

🗻じゃあ、次の例も見てみようね。

> **実験5** ポーズによる文構造の表現　その2　 19-06
>
> 今度は以下のあいまい文（つまり2通り意味のある文）を読み分けて
> WaveSurferで録音してみよう。
> 　　A 「かわいい#わたしのワンピース」、B 「かわいいわたしの#ワンピース」
> 　　C 「かっこいい#ぼくのじてんしゃ」、D 「かっこいいぼくの#じてんしゃ」、
>
>
>
> ピッチ曲線をじっくり見てね。
> どんな特徴があるかな？

🐷わあ！すごい！
　ポーズってすごいんだ。
　ポーズの位置を変えるだけで、2つの意味の文に言い分けられるんだね。

🗻ま、ポーズがなくても、さっきやった句頭の上昇があれば同じ効果があるけどね。
　2つの文はこんな構造になっているよ。

（A）かわいいわたしのワンピース　　　　　（B）かわいいわたしのワンピース

　　かわいい　　　わたしのワンピース　　　　かわいいわたしの　　　　ワンピース
　　　　　　　　　わたしの　ワンピース　　　かわいいわたし　　　の
　　　　　　　　　わたし　の　　　　　　　　かわいい　わたし

🐷これなあに？

🗻文の構造の違いを表す有名な方法。
　（A）は「かわいい」は「わたしのワンピース」全体にかかっている。

🐷つまり、かわいいのはあくまでワンピース！ぷっ！

🗻（B）は「かわいい」のは「わたし」でワンピースじゃないのを図で表しているんだ。

🐷へ〜。ポーズはただの「お休み」じゃないんだね。

🗻そうなんだ。
　ところで、ピッチ曲線どうなってた？

🐷それぞれ、#のところで切れてるよ。

🗻あとは？

🐷あっ！それぞれ山がふたつ〜！！！
　これってアクセント句ってこと？

🗻おみごと！そうだよ。

🐷じゃあ、全体がひとつのイントネーション句なんだ。

👤素晴らしい！音声学の天才かもよ。

🐛ちょっとほめすぎ。

👤やっぱり？

4. 強調（プロミネンス・卓立）

> **実験6**　強調するとどうなる？　🎧 19-07
>
> 「館山の海岸でフラメンコを見た」という文を①～④の4種類の読み方で読んで、WaveSurferで録音してみよう。

① 「どこの海岸で？」ときかれたつもりで。
　「館山の海岸でフラメンコを見た」
② 「館山のどこで？」ときかれたつもりで。
　「館山の海岸でフラメンコを見た」
③ 「何を見たの？」ときかれたつもりで。
　「館山の海岸でフラメンコを見た」
④ 「フラメンコを見たの？踊ったの？」ときかれたつもりで。
　「館山の海岸でフラメンコを見た」

ピッチ曲線をじっくり見てね。
どんな特徴があるかな？

大体以下のようなピッチ曲線になったかな？

①
②
③
④

強調したところが高くなっているね。
それを**プロミネンス**（卓立）というよ。
それ以外のところは低く、ピッチの動きが小さくなっている。

▼ クイズ　　プロミネンスがどこにあるか当ててね。　🎧 19-08

①午後の授業は 5 階の大教室であります。

②午後の授業は 5 階の大教室であります。

③パリの空港で売っているベルギーのチョコレートはちょっと高い。

④パリの空港で売っているベルギーのチョコレートはちょっと高い。

復習テスト

1. アクセント句は単語より◯◯◯単位？
   ①大きい　②小さい
2. アクセント句にはアクセント核がいくつある？
   ①1個　②2個
3. イントネーション句は何の単位？
   ①声帯振動　②息継ぎ
4. ポーズには音が…
   ①ない　②ある場合とない場合がある
5. 文の中で強調されたところは？
   ①ピッチが下がる　②ピッチが上がる

●発音記号チェック 19　　今までに出てきた発音記号で書いてみよう！

1. 延長戦（えんちょうせん）
2. 電信柱（でんしんばしら）
3. 平等院鳳凰堂（びょうどういんほうおうどう）
4. 般若の面（はんにゃ　めん）
5. 新聞配達（しんぶんはいたつ）
6. 本郷三丁目（ほんごうさんちょうめ）
7. 円運動（えんうんどう）
8. 電話相談室（でんわそうだんしつ）
9. 最新扇風機（さいしんせんぷうき）
10. 盆踊り（ぼんおど）

まとめ

　イントネーションは、アクセント同様、単音の連続にかぶさる要素、つまり**超分節的要素**である。日本語のイントネーションは、**息継ぎを単位とするイントネーション句**と、それに含まれる**アクセント句**からなる。また、イントネーション句内では、次第にピッチが下がっていく**自然下降**がある。イントネーションの機能としては、**統語構造**を示し、文の意味を分けたり、**感情や態度**を示したりすると言われている。さらに、特定の要素を**強調**すると、その要素のピッチは上昇する。

ちょっと国試に挑戦

●第6回73 日本語においてアクセント句と一致することの多い文法単位はどれか。
1. 形態素
2. 単純語
3. 複合語
4. 文節
5. 文

解答 4

●第6回74 日本語の超分節的特徴として適切でないのはどれか。
a. アクセント
b. 声調
c. ストレス
d. ポーズ
e. イントネーション
  1. a, b 2. a, e 3. b, c
  4. c, d 5. d, e

解答 3

●第7回73 イントネーションの自然下降（declination）が止まるのはどこか。
1. アクセント位置
2. 文節末
3. アクセント句末
4. ポーズ位置
5. 息つぎの位置

解答 5

●第8回74 日本語のイントネーションの基本的構成要素はどれか。
1. 語
2. 文節
3. アクセント句
4. 文
5. 談話

解答 3

●第12回39 共通語（東京方言）で「あおいうみをみる（青い海を見る）」を強調せずに一続きに発音したときの基本周波数（ピッチ）曲線の概形として適切なのはどれか。

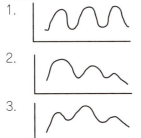

解答 2

●第15回39 日本語（共通語）のイントネーションの性質として適切なのはどれか。
a. 統語構造が反映されている。
b. 単語ごとに決まっている。
c. 上昇したピッチは文末まで下がらない。
d. アクセントが関与しない。
e. ダウンステップが生じる。
  1. a, b 2. a, e 3. b, c
  4. c, d 5. d, e

解答 2

●第16回141 日本語（共通語）の文音声のピッチ曲線に反映されないのはどれか。
1. 声道の共鳴
2. 声帯振動の有無
3. アクセントの型
4. 統語構造
5. 焦点（強調）

解答 1

● 第19回 39　共通語（東京方言）について誤っているのはどれか。
1. 「雨」と「飴」では基本周波数の時間変化パターンが異なる。
2. 「これは魚。」と「これは魚？」では基本周波数の時間変化パターンが異なる。
3. 「型」に比べ「買った」では語中の破裂音の閉鎖区間長が長くなる。
4. 発話速度が速くなると発話全体の持続時間が短くなる。
5. 「たまねぎ」では2モーラめの母音のピッチが下がる。

● 第20回 39　共通語（東京方言）の疑問文「これはなに？」の標準的なイントネーションで上昇するのはどれか。
a. 「こ」の拍から「れ」の拍
b. 「れ」の拍から「は」の拍
c. 「は」の拍から「な」の拍
d. 「な」の拍から「に」の拍
e. 「に」の拍から文末
　1. a, b　2. a, e　3. b, c
　4. c, d　5. d, e

ヒント　これはなに↗

第20章
聴こえのしくみ その1

この章で学ぶこと
・聴覚器官の解剖
・可聴範囲
・難聴の体験
・音の大きさ（ラウドネス）

🐥やっほう〜！
👾やっほう〜！　今日も元気だね。
　ところで、音声って誰かが聞いてくれることによって存在するんだ。
🐥そっか〜。
👾一方的に話すんじゃなくて、
　相手がどう聞いているかってとっても大事だよね。
　知ってる？
🐥何？
👾人が言語音を聞くときは機械で聞くのと違った複雑な聞き方をしてる。
🐥へ〜、どんなふうに？
👾じゃあ、今日は音の聴こえのしくみについて見てみよう。

1. 聴覚器官の解剖

👾まずは人が耳で音をどうやって聞いているかについてだよ。

■**耳の解剖**
　人間の耳は大きく分けると、**外耳**（がいじ）、**中耳**（ちゅうじ）、**内耳**（ないじ）に分かれる。
　外耳（がいじ）は、外界の音が耳介から**外耳道**（がいじどう）を通って**鼓膜**（こまく）に効率よく伝わるような構造になっている。
　中耳（ちゅうじ）には**耳小骨**（じしょうこつ）という3つの骨がある。
　鼓膜側から、鎚骨（つちこつ）、砧骨（きぬたこつ）、鐙骨（あぶみこつ）って言って、この3つは全部つながってるんだ。
　てこの原理で鼓膜の振動を強めて内耳（ないじ）に伝える。

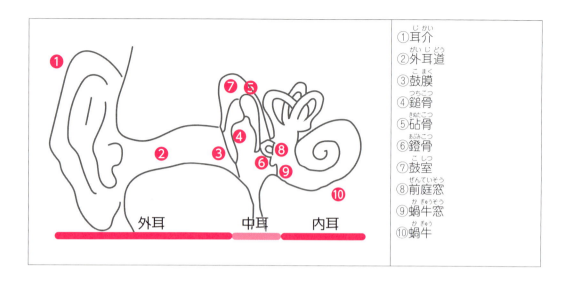

■耳小骨の図

鼓膜の振動が中耳の中で強められて内耳に伝わるしくみだよ

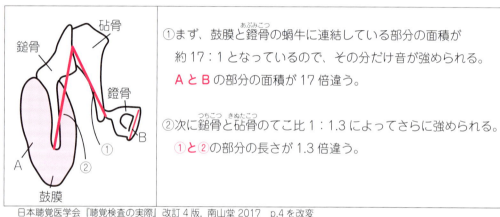

①まず、鼓膜と鐙骨の蝸牛に連結している部分の面積が
約17：1となっているので、その分だけ音が強められる。
AとBの部分の面積が17倍違う。

②次に鎚骨と砧骨のてこ比1：1.3によってさらに強められる。
①と②の部分の長さが1.3倍違う。

日本聴覚医学会『聴覚検査の実際』改訂4版，南山堂 2017　p.4 を改変

🐰 内耳には聴覚器官の**蝸牛**のほかに平衡器官がある。
　音を聴くだけじゃなくて、体の平衡感覚を保つ役にも立っているんだね。
　でも、聴こえに重要なのはなんといっても蝸牛！
　蝸牛はカタツムリのような形で、中はリンパ液で満たされているんだ。
　「蝸牛」ってカタツムリのことなんだよ。知ってた？
　その蝸牛で中耳からの音の振動をふるい分けして、神経パルスに変えて、**聴神経**に伝える。

🐸 えっ！「ふるい分け」って？

🐰 蝸牛は渦巻きの入り口から先端までの部分によって感じる高さの音が違うんだ。
　入り口は高い音、先端は低い音を感じるようになってるんだ。
　これを応用したのが、聴覚障害の方のための人工内耳だよ。
　手術で蝸牛に電極を入れて刺激すると、音が聴こえるんだ。

🐸 へ〜、すごいね。

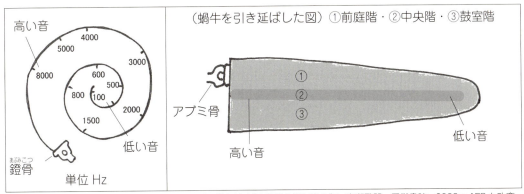

左：Raphael, L. J., G. L. Borden, & K. S. Harris『新ことばの科学入門』第2版, 廣瀬肇訳, 医学書院, 2008 p.177 を改変
右：日本聴覚医学会『聴覚検査の実際』改訂4版, 南山堂 2017 p.6 を改変

> **実験1** CochSim（Cochlear Simulation）を使ってみよう！
>
> ロンドン大学（UCL）のウェブサイトにあるよ。
>
> https://www.phon.ucl.ac.uk/resource/cochsim/

🐌 このソフトで蝸牛の**基底板**の振動を見てみよう。

いろいろな音に対する蝸牛の振動の様子が観察できるよ。

画面上部の音声が、右側の蝸牛の基底板の「特定の周波数」のところを振動させる様子がデモで見られる。

縦軸には周波数の目盛があるので確認してね。

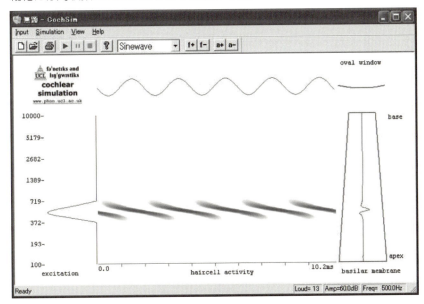

見てみたい音をメニューから選んで…

[含まれている音の種類]

①パルス波
②パルス列
③ノコギリ波
④ノコギリ波（第1倍音なし）
⑤サイン波
⑥矩形波
⑦2つのサイン波の合成
⑧ホワイトノイズ
⑨母音 [a]
⑩母音 [i]

スタートボタンを押すとデモが始まる。

 再生する音の周波数が変えられる。高くする（＋）、低くする（－）

 再生する音の波形の振幅が変えられる。強くする（＋）、弱くする（－）

Input → print 画面の印刷ができるよ。

入力音によって反応がどのように違うかを観察しよう。

2. 可聴範囲

ところで、人ってどのくらい範囲の周波数の音を聞いているかわかる？

人間の可聴範囲は **20Hz** から **20kHz** だっていわれてるよ。

20Hz 以下 超低周波	20Hz から 20kHz 人間の可聴音	20kH 以上 超音波

他の動物はもっと聞こえてるんだ！すごいよね。

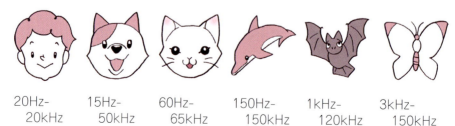

20Hz-20kHz	15Hz-50kHz	60Hz-65kHz	150Hz-150kHz	1kHz-120kHz	3kHz-150kHz

参考：中村健太郎 2010『図解雑学　音のしくみ』ナツメ社　p.15

実験2 訓練用の犬笛を吹いてみよう！聴こえるかな？

WaveSurfer でサウンドスペクトログラムを出して、
濃くなっているところを調べてみてね。
どのくらいの高さの音かがわかるよ。
サンプリング周波数を 48000Hz にして録音しよう（91 ページ参照）。

3. 難聴の体験

実験3 Hear Loss を使ってみよう！

ロンドン大学（UCL）のウェブサイトにあるよ。
音の強さ・周波数・スペクトル情報を変化させて様々な要因による
「難聴を体験」するソフトだよ。　　https://www.phon.ucl.ac.uk/resource/hearloss/

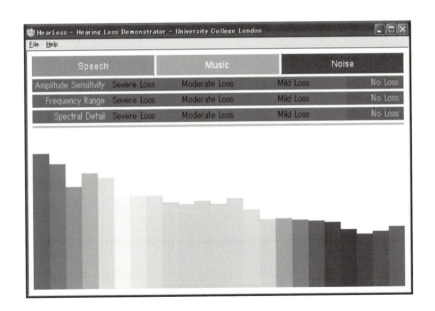

🔊 Speech/Music/Noise のボタンから聞く音を選んでね。
　2つ以上を同時に聞くこともできるよ。
　次に、何を聴こえにくくするかを選ぶ（3種類）。
　　①振幅に対する感度
　　②周波数帯
　　③スペクトル情報
　それぞれについて難聴度をどのくらいにするかを選ぼう。
　→それぞれの帯をマウスでクリックすると 10 段階に変化するよ。

スピーチ・音楽・ノイズによって「同じ条件の聴こえ」でも違いがあるかな？
あるとしたら、その理由を考えてみようね。

4. 音の大きさ（ラウドネス）

👤 テレビとかで同じボリュームじゃ低い音は高い音より聞きづらいので
ボリュームを上げたって経験はないかな？

🐥 あるある。

👤 人間の耳はそんなふうにできてる。

🐥 どんなふうに？

👤 つまり、音の高さによって同じ音の強さでも聞こえ方が違うんだ。
等ラウドネス曲線ってのがあるんだけど…

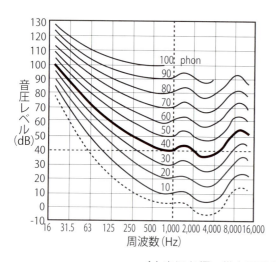

（大森ほか編、世木秀明著『言語聴覚士テキスト 第3版』p.214）

👤 これはね、横軸が音の高さ（周波数）、縦軸が音の物理的強さを示すグラフ。

🐥 で、このなみなみは？

👤 同じ線のところが人が同じ「大きさ」だって感じるところだよ。

🐥 同じ強さの音でも周波数が違うと人に聞こえる「大きさ」が違うんだ〜。
　へ〜、そうなんだ。

👤 4000Hzあたりが一番デリケートなんだ。

🐥 デリケートって？

👤 弱い音でも聞こえるって意味だけど、逆に一番感じやすいからこの高さの音には注意が必要。
女性の叫び声や赤ちゃんの泣き声はとても高い時にはこのくらいのこともある。

🐥 それはとっても重要！正義の味方は耳が命！かな？

👤 まあね、年を取るとこのへんの高さが聞こえにくくなることが多い。

だから健康診断では日常生活でよく使う1000Hzと
この4000Hzをまず調べるんだ。

🐷 で、このなみなみ何に使えるの？

👤 いろいろあるけど、たとえば騒音計。

🐷 騒音計？今、どれくらいうるさいか測る機械？

👤 そう、騒音計って機械だから、
全部の周波数の音の物理的強さを均等に測ることもできるけど、
このなみなみを応用して人の耳に少しでも近づける測り方もできるんだ。
だって、本当の騒音を聞くのは人だもんね。

🐷 なるほど。

実験4 騒音計を使ってみよう！

騒音計を使って、教室の音、
いろいろな場所の音を測定してみよう。
機械の耳（F特性）またはC特性と人間に似た耳（A特性）
で同じ騒音を比べてみよう。
スマートフォンのアプリにも騒音計が沢山あるよ。

【騒音計の使い方】
①騒音計は体から離して音源に向ける。
②地上から1.5メートル、壁から1メートル以上離す。
③周波数特性をA特性にする。
④動特性をFast（速い特性 - 耳の反応に近い値が出る）
にする。
⑤データ表示は等価騒音レベル（Leq）にする。
⑥3分以上測って、結果を読む。

復習テスト

1. 鼓膜に一番近い耳小骨はどれ？
　①鐙骨　②鎚骨

2. 蝸牛の入り口近くではどんな音を感じているか？
　①高い音　②低い音

3. 等ラウドネス曲線は何を表しているか？
　①音の物理的強さ　②人の感じる音の大きさ

4. 人の耳の感度が一番高いのは？
　① 100Hz　② 4000Hz

5. 人の可聴周波数は20Hzから○○？
　① 2kHz　② 20kHz

● 発音記号チェック20　　今までに出てきた発音記号で書いてみよう！

1. 結婚披露宴
2. 単純温泉
3. 音楽鑑賞
4. 県庁所在地
5. 転入生
6. 深夜放送
7. 感嘆符
8. 積乱雲
9. 単位換算表
10. さんま定食

まとめ

　人間の耳は大きく分けると、**外耳**、**中耳**、**内耳**に分かれる。**外耳**は、外界の音が**耳介**から**外耳道**を通り、**鼓膜**に効率よく伝わる構造になっている。**中耳**には**耳小骨**という3つの骨があり、鼓膜側から**ツチ骨**、**キヌタ骨**、**アブミ骨**と言い、鼓膜とアブミ骨底の面積比と、てこの原理で鼓膜の振動を強め、**内耳**の**蝸牛**に伝える。**蝸牛**は中耳からの音の振動をふるい分けし、神経パルスに変え、**聴神経**に伝える。

　人の可聴範囲は、約**20Hz**から約**20kHz**である。また、音の周波数により同じ強さの音でも人が感じる音の**大きさ**は変わる。

第21章 聴こえのしくみ その2

この章で学ぶこと
- 様々な聴覚現象
- 骨伝導
- マスキング

🤖 今回は人の耳独特の現象を紹介しよう。
🐷 うわあ〜、もしかして空耳アワー？
🤖 まあ、近いものはあるね。
🐷 ワクワク。

1. 様々な聴覚現象

🤖 カクテルパーティー効果って知ってる？
パーティーとか、人が沢山しゃべっているところで、人間は多くの音の中から自分の聴きたい音を聞き分けることができるんだって。

機械で録音すると聴こえないけど、
人間の耳は聴きたい音に注意を向けて、集中的に聞くことができるんだ。
🐷 つまり、耳をそばだてるってこと？
🤖 まあね、機械は耳をそばだてることはできないよね！（笑）
あと、両耳で聴くと片耳よりももっとよく聴こえるんだって。

ドップラー効果

🗣️ 救急車の音が近づくと高くなって、遠ざかると低くなるのを経験したことはないかな？
ある場所に近づく音は近づく分だけ波長が短くなり、
遠ざかるときは遠ざかる分だけ波長が長くなるんだ。
波長が短くなると周波数は高く、波長が長くなると周波数は低くなるんだ。
だから、それを止まって聞いている人には音の高さが変わって聞こえる。
これをドップラー効果というよ。

マガーク効果

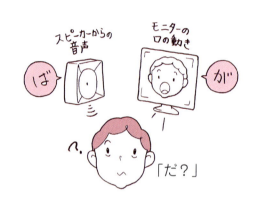

🗣️ 人がある音を発音している画像を
モニターで見ながら別の音を聞くと、
音が視覚情報によって変わって聞こえるんだ。
人は音だけじゃなくて目からの情報も使って
聞いているんだね。

ビデオ画像の口の動きと流れる音声が違う場合、
2つが合体して聴こえるよ。

音韻修復効果 🎧 21-01

🗣️ ある音声の一部を削除すると、その音声が何であるか認識しづらくなる。
でも、削除した部分にノイズを入れると、人は削除した部分を
頭の中で修復して聞くことができるんだ。

2. 骨伝導

🗣️ 自分の声を録音して聞いてみると、いつもの自分の声と違ってるなあ〜って思わない？
😈 思う、思う。絶対自分の声じゃないよ。
🗣️ 声帯から出る音声は空気を伝わって相手の耳に届くんだけど。

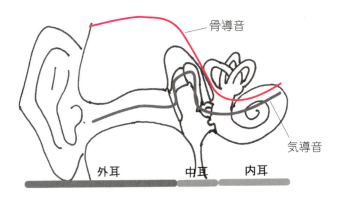

録音したときも同じように空気を伝わった音が録音される。
でも、自分の声を聴くときは、空気を伝わる「**気導音**」と、
頭蓋骨を直接伝わる「**骨導音**」の両方が同時に聞こえる。
録音した音には骨導音がない。だから違って聞こえるんだ。

🔴 骨導音！あっ、知ってる。イヤホーンとか携帯を骨に当てると音が聴こえるってのでしょう？

👽 そうそう。

実験1 骨を伝わってくる音を体験してみよう。

歯をスプーンでたたいて音を感じよう。
上の歯と下の歯では違いがあるかな？

実験2 自分の声の気導音を聴いてみよう！

以下の文を録音して、録音の最中に自分で聞いた音と、録音された音との違いを聴いてみよう！
　　こんにちは。
　　○○大学の○○と申します。
　　本日は、どうぞよろしくお願いします。
　　ある日、北風と太陽が力くらべをすることになりました。

実験3 市販の骨伝導ヘッドホンで音楽のCDを聴いてみよう！

3. マスキング

🔴 マスキングってなあに？

👽 他の音の存在によって、別の音がよく聴こえなくなること！
　マスクする音を「**マスカー**」

マスクされる音を「**マスキー**」と呼ぶ。
マスキングが起こるとき、どれだけ聴こえにくくなったかを「**マスキング量**」というよ。

マスキングしてみよう！

> **実験4** 「トイレの音消し」の音を聴いてみよう。
>
> トイレの音消しの音を再生して聴いてみよう。
> WaveSurferで録音し、サウンドスペクトログラムを出してみよう
> どんな周波数の音が出ている？

復習テスト

1. 人混みで音を選択して聴くことができるのは？
　①カクテルパーティー効果　②マガーク効果

2. 救急車が遠ざかるとサイレンは？
　①高く聞こえる　②低く聞こえる

3. ある音が別の音によって聴こえにくくなることを？
　①ラベリング　②マスキング

4. 人が音を感じるとき、実際に音が？
　①あるとは限らない　②必ずある

5. 自分の声を聞くときは、○○を聞いている。
　①骨導音　②気導音と骨導音

発音記号チェック21　　今までに出てきた発音記号で書いてみよう！

1. 羅針盤（らしんばん）
2. 新英和辞典（しんえいわじてん）
3. 孫悟空（そんごくう）
4. 標準偏差（ひょうじゅんへんさ）
5. 勧進帳（かんじんちょう）
6. 新御茶ノ水（しんおちゃのみず）
7. 日本一（にほんいち）
8. バイオリン弾き（ひき）
9. 三寒四温（さんかんしおん）
10. 新人賞候補（しんじんしょうこうほ）

まとめ

　人の耳には、様々な聴覚現象がある。多くの音から聴きたい音を選択できる**カクテルパーティー効果**、救急車の音のように、ある地点に近づく音は高く、遠ざかる音は低く感じる**ドップラー効果**、視覚情報によって聞こえが変わる**マガーク効果**、存在しない音を文脈から修復できる**音韻修復効果**などがある。また、音は**気導**だけではなく、**骨導**によっても伝わる。さらに、様々な音がほぼ同時に存在すると**マスキング**という現象が起こる。

第22章
障害音声の記述・分析

> **この章で学ぶこと**
> ・言語の臨床と音声学
> ・臨床音声表記
> ・臨床音声表記の例を見てみよう

1. 言語の臨床と音声学

🐌 今日は**言語聴覚障害学**、つまり「ことばの障害のリハビリ」についてだよ。
まず覚えて欲しいこと！
音声学の「**調音**」を言語聴覚障害学では「**構音**」と呼ぶ。
もとの英語は同じ articulation なのに日本語に訳すときに分かれちゃったんだ。

🐷 へ〜。

🐌 医学書とかにはみんな「構音」と書いてあるから、場合によって使い分けようね。
で、「構音障害」は、社会で「正しい」とされている構音とは違う構音をしているせいで、聞き手に十分理解されず、コミュニケーションに困っている状態をいう。
同じ音をいつも同じように間違えちゃう場合だけを構音障害っていうんだよ。
ちょっと言い間違えたのは構音障害じゃない。
だって、まったく間違えない人ってほとんどいないよね。

🐷 そりゃそうだ。

🐌 「構音障害」にはいろんなタイプがある。
それに、構音以外のことばの問題も一緒にある場合が多いんだ。
聴覚障害や言語発達障害みたいに、「構音障害」という名前がついてなくても、構音の問題がある場合もあるから注意しよう！

じゃあ、構音障害の臨床に必要な知識は、
　① **構音器官の構造と機能を知る**
　② **正常な発話のメカニズムを理解する**
　③ **これらを使って、構音を正しく評価する**
ってとこかな。
評価は、発音された音を正確に表記し、構音を視覚的に把握することが大切。

音を聴き取る力もつけなきゃ！

あと、音の表記法に習熟すること。
そのためには、まず音声学と音韻論の知識が必要！
🐙そう、そう。必須だね。

2. 臨床音声表記

🐍でもそれだけじゃないよ。
目的に合わせた表記をしなきゃいけない。ここがポイント！
つまり、音声学と音韻論をしっかり勉強したうえで、「**臨床音声表記**」をする。
🐙え〜！それってなあに？　初耳だよぉう。
🐍構音の問題があるときは、まず間違った音が、正常な音とどこが違ってるかに注目。
記述は原則として国際音声記号（IPA）を使う。
🐙なんだ、同じなんだ。
🐍でも、目指すは誤っている音を聴き取ったり、分析することなんd。
だから、正常な音には、臨床用の簡略表記を使うんだ。
簡略表記と言っても、音声学でいう簡略表記とはちょっと違うよ。
🐙え！どこが違うの？　ねえねえ、早く教えてよう。
🐍急がない、急がない、ちょっと待っててね。
臨床では、舌の欠損や麻痺とか、
構音器官の構造や機能に問題があることが多い。
🐙つまり、発音するときに動かす道具が正常な場合と違っているんだね。
🐍そう。
だから、普通のIPAでは書けない場合もたくさんあるんだ。
そこで、「臨床音声表記」ではね…
構音が正常と思える音は、毎回の構音の違いや調音結合は無視して同じ記号を使う。
つまり、問題にならないようなちょっとした変化は書かない！
音の物理的変化を記述する「音声学」をベースに、
言語の機能を重視する「音韻論」の考え方もプラスしてるんだ。
🐙な〜るほど…
🐍たとえば、構音が少し前寄りだとか、鼻子音の前の母音が鼻音化しているとかは書かないし、
東京方言の文末母音の無声化、強めの構音と弱めの構音の区別、円唇の強弱なども書かない。
あと、普通に起きる口蓋化も書かない。
正常な音は、毎回の構音を記録しないで、1つの記号にまとめる！
🐙つまり、それって「音声表記」を「音素表記」のように扱うってこと？
🐍うん、完全に音素表記じゃないけどね。
でも、だからって細かいところを聴き取らなくてもいい！とか無視してもいい！

ってわけじゃないよ。場合によっては、構音が正常でも細かい表記が必要だから。

- 何が必要かは自分で判断するんだよね。

うん。
「障害でない部分をできるだけ同じように書いて、問題の部分を際立たせる」んだ。
わかるかな？

- へ〜！これって、ある意味すごい！　すっごく奥が深いよね。

そうなんだ。
逆に、問題になる部分は細かく表記して、
誤った音の分析をしやすくする。

- コミュニケーションの問題となる変化は正確に書く！ってこと？

うん。あと、簡略表記したら、どの部分を略したかについて他の人に説明できなきゃ。

- 自分のやってることをちゃんとわかって、使い分けなきゃってことだね。

そうそう。もちろん、精密表記をすることもある。
その時は、どこが正常と違ってるかをちゃんと書いとこう。

- 了解！なんでもかんでも精密表記しちゃうと、どこがポイントかわからなくなるもんね。
  どこがポイントかマークしておくんだね。

そうなんだ。
伝える相手があってこその記号だからね。記録を見る人に一番わかりやすくしなきゃ。

- 納得。

あと、こんな場合もある。
手術で構音に必要な器官が一部なくなっていることもあるんだ。
そんなときは、聴いた印象になるべく近い記号で書くんだけど…
加えて、どの器官を代わりに使って音を出しているかも書く。

- それって、正常構音じゃありえないね。

うん。

- へ〜、すごい。いろんな工夫をしてるんだ。
  でも、臨床音声表記って、よく知らないでカルテを見ると間違えちゃうね。

うん。そこが難しいんだ。ちゃんと覚えといて！

3. 臨床音声表記の例を見てみよう

じゃあ、よく使われる臨床音声表記の例をあげてみよう。(⑦〜⑩は新版*で変更になった点だよ)

① 条件異音、自由異音など、異音は無視する。例えば /N/（「ん」）はすべて [N] とする。
② 個人差、身体条件や心理状態による差、前後の音の影響は記述しない。
③ 母音の無声化は記述しない。
④ 正常な口蓋化は記述しない。

⑤ /z/ は実際の音声が摩擦音でも破擦音でも破擦音 [dz] で表す。
⑥ /g/ は、[g] と [ŋ] の区別をしない。
⑦ /r/ は、全部 [r] を使う。（旧版は全部 [ɾ] を使っていた）
⑧ /ni/ は [ni]、/nya, nyu, nyo/ は [nja, nju, njo] と書く。
（以前は [ɲi, ɲa, ɲɯ, ɲo] と書いていた）
⑨ /u/ は [u] を使う。（旧版は [ɯ] を使っていた）
⑩ [ɕ], [ʑ] を使う。（旧版は [ʃ], [ʒ] を使っていた）

例
あんしん [aNɕiN] ⇔ 音声学では [aĩɕiɴ]
あります [arimasu] ⇔ 音声学では [aɾʲimasɯ̥] または [aɾʲimas]
まんがざっし [maNgadzaççi]
ぎゅうにゅう [gjuːnjuː]

＊「新版　構音検査」とは？
臨床現場で構音障害を評価・診断し、治療が必要かどうか、
また具体的な方針を決めるための検査。2010 年に検査用紙が改訂された。
旧版もまだ使われている。

最後に確認！

🐧構音器官が欠けているときは、上の表記を使えないことが多いよね。

🐤うん。

🐧そんな時は、残っている器官の状態をよ〜く観察すべし！
手術で舌を再建したときは、
舌そのもの、普通は使わない声道の部分、口の周囲や頬の組織とかをよく観る！
安静時や高い声を出すとき、その他の運動の時も観察。
それからね、コミュニケーション能力アップには、代償構音（だいしょうこうおん）も必要なんだ。

🐤代償構音ってなあに？

🐧つまり、ちょっとだけ違う代わりの音を出すことだよ。

🐤へ〜。でもなんとか相手に通じる音ってことだね。

🐧うん。

🐤「めざす音が正常とは違う！」ってとこがポイント！だったよね。

🐧障害音声の記述は、いろいろ考えられてるけど…
残念なことに、現時点では手術で構音器官が変ったときの記述方法が確立されてない！

🐤困ったね〜。

🐧みんなが、一所懸命、構音や聴覚印象を記録しようとしてるけど…まだまだ。

🐤そうなんだ…

🐧将来は、音声学者と協力して、様々な構音障害を正確に記述できたらいいよね。

●そうだね！

🤖あと、小児の臨床で大切なことがひとつあるよ。
子供は構音や音韻を習得中だから、小児臨床には正常発達の知識が絶対に必要！
誤りの分析だけじゃなく、誤りの内容や出現のしかたについて、
まだまだ発達中という視点をいつも忘れずにね！

●ある音をいつも発音できなくても、年齢や誤り方によっては、障害じゃないってこと？

🤖うん。
総合的に判断しなきゃね。

●そっか。

🤖今日はこのへんでおしまい！
「構音・音韻発達」については、また次回ね。

 復習テスト

1. ことばのリハビリの現場で調音のことを何という？
   ①音素　②構音
2. 臨床簡略音声表記は音声学の簡略表記と…
   ①同じ　②違う
3. 構音障害の臨床音声表記の目的は？
   ①正しい音の精密表記　②誤りの音の聞き取りと分析
4. 代償構音の目的は？
   ①コミュニケーション能力向上　②音声表記の簡略化
5. 小児の構音の臨床で大切なことは？
   ①発達段階を考えること　②現状を重視すること

まとめ

言語障害の臨床では、音声学とは違った音声表記が行われている。言語学では言語機能に関係ない部分を省略した**音素表記**をするが、言語臨床では、障害のある部分を際立たせるため、正常で問題がない部分は書き分けない**臨床音声表記**をする。また、**構音器官**が欠けているなどの場合は、**代償構音**を使いコミュニケーション能力を向上するように努めている。

第23章
言語音声の発達

> **この章で学ぶこと**
> ・言語音の知覚の発達
> ・言語音の知覚の変化
> ・言語音の生成の変化
> ・構音／音韻発達と音韻意識

1. 言語音の知覚の発達

🧑 ほとんどの子は、4歳から6歳で大人と同じ構音のパターンを習得するんだ。

👶 小学校入学前にはもう大人と同じように話してるってこと？

🧑 そう、そう。
でも、個人差が大きいから、みんながってわけじゃない。
就学後でも、慌てないで！　特にトレーニングしなくても、正常になることもあるからね。
ここで、大切なこと！
どんな時が正常で、どんな時が障害かを判断するにはね…

👶 まずは正常な音韻・構音の獲得についてよ～く知ること！
だったよね。

🧑 うん、うん、何事も基本、基本！

今回は最終回！
言語音の**知覚**や**生成**、**音韻意識**の発達について見ていくよ。

👶「知覚」？「生成」？？？　それって何？

🧑「ことば」をどう聞いているかを**知覚**、どう発音するかを**生成**と言うよ。

👶 ただの音まねじゃなく「ことば」として話してるか？　がポイントだね。

🧑 ピンポーン！大正解！　素晴しい。　じゃあいってみよう！

👶 えへ。

2. 言語音の知覚の変化

🧑 子どもは、意味のある単語を発するようになる前から、人間の声を「ことば」として処理す

る能力を持ってる！
音素を弁別して同定することは、乳児でもかなりできるよ。

🐷「弁別」？「同定」って？

👤「弁別」は他の音素と区別すること。「同定」はこの音素だ！って単独でわかることだよ。

🐷へ〜！　赤ちゃんってすごいね。

👤でね、1歳前には母語の音声を聞く準備ができてる。

🐷素晴しすぎる！

言語音とそれ以外の音の弁別

👤赤ちゃんは、男の人よりも女の人の声によく注意を向ける。
その中でもお母さんの声により反応するんだって。

🐷やっぱり、ママは強いんだ！（笑）　パパかわいそう。

👤それから、母語だけじゃないけど、おもしろいことがある！

🐷何？何？

👤赤ちゃんは、人の話し声を聞くと、音素や音節、単語の切れ目に合わせて身体を動かす。

🐷フリフリって（笑）？

👤でも、不思議なことに言葉に関係ない音には反応しない。

🐷赤ちゃんが言語とそれ以外の音を聞き分けているってこと？

👤たぶんね。

🐷すっご〜い！　赤ちゃんってすごいね。　めっちゃ感動！

言語音の知覚

👤言語音の知覚には、「連続する音の流れを1つ1つの音素としてラベル化する」ことが重要なんだって。

🐷え〜ん。もっと簡単に言って！　まったくわからないよう。

👤ごめん、ごめん。じゃ、これでわかる？
誰かが話している音声って、途中にポーズが入らないかぎり音としてつながってるよね。

🐷うん。

👤それを、言われた順番に、最初に [k]、次に [ɯ]、その次に [m]、最後に [a] みたいに切り分けて…
全体で /kuma/ って言ってるってわかるってことなんだ。

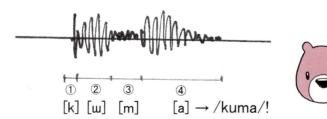

🐷 今度はなんとな〜くわかった気がする。

👾 0歳前半にはすべての言語で弁別的特徴の**カテゴリー知覚**ができる。

🐷 おっと、ストップ！ おいてかないで…

👾 えっと、「**弁別的特徴**」ってたしか音素の回（第16章）で習ったよね。

🐷 そうだっけ？

👾 ある音が他の音とどんなふうに違うかってことを説明するときの特徴リスト。

🐷 あっ、ちょっと思い出した。

👾 でしょ。
　何か音声を聞いたときに、それがどの音素に入るのかを間違えずに聞き分けられることだよ。

🐷 音素っていうのは、「その言語において区別しないで使われる音声の集合」ってこと？

👾 おっ！ちょっとは復習してるね！

🐷 えへ。
　つまり赤ちゃんが音素っていうカテゴリーをきちんと聞き分けられるってこと？

👾 そうだね。

🐷 えっと、とっても聞きづらいんだけど…

👾 何かな？

🐷 もしかして、ひょっとすると、ぼくも赤ちゃんのころは英語の音が聞き分けられたのかな？

👾 たぶんね。

🐷 なんで今、わからないんだろう。素朴な疑問。
　忘れちゃったのかなあ？

👾 人は生まれたとき、いろんな言語の音の違いを感じることができる。
　で、自分がいる社会の音韻体系にない音も聞き分けている。
　4ヶ月〜6ヶ月の赤ちゃんは母語では区別されないような音の違いも
　聞き分けてるって実験もある。

🐷 そうなんだ…

👾 母語にはない区別を聞き取る力は赤ちゃんが大きくなると消えちゃうんだ。
　母音は6ヶ月頃、子音は10ヶ月頃、母語にない音の弁別能力が低下し…
　母語の音韻体系向きになっちゃうんだって。

🐷 へぇ〜。

👾 でね、でね。
　1歳の時にはできなくなる！

😀 えっ、もう！残念！早すぎるよ〜。

👧 まだまだあるよ。
英語の [ɹ] と [l] は日本語では両方とも /r/ の異音だったよね。

😀 そうだよ。

👧 つまり、日本語が母語の大人には弁別が難しいんだ。

😀 うん。ぼくにもとっても難しい！

👧 実感こもってるね。
でも、赤ちゃんは、[ɹ] と [l] を弁別できるんだって。

😀 うっ〜。 ぼくにはできないのに…

👧 日本語が母語の赤ちゃんは、10ヶ月頃、
日本語で区別しない [ɹ] と [l] の弁別ができなくなるんだ。

😀 このへんが分かれ目なんだね。

👧 まあね。初語期、つまり意味のある単語を話し出す時期が近づくと、
母語に合ったカテゴリー知覚を行うようになる。

😀 つまり、母語を話すためにいらない区別は忘れちゃうの？

👧 うん。反対に忘れなかったら、大変なことになる。

😀 えっ、どうして？

👧 だって、考えてみてごらん。
他の言語で区別している音の違いを全部気にしてたら頭がパンクしちゃう。

😀 だよね〜。

👧 立派な日本語話者になるために英語の音を区別できなくなったのはしょうがない。

😀 まあね。

👧 多くの言語を話せたらそれにこしたことないけど、全部中途半端はもっと大変だ。

😀 そっか。納得。とりあえず、立派な日本語母語話者になれたんだもの。エヘン。ぼくって偉い？

👧 偉い！偉い！とりあえずはね。

😀 とりあえず〜？ なんか、微妙！

👧 気にしない、気にしない。
2〜3ヶ月頃には、破裂音と鼻音とか、有声破裂音と無声破裂音とかを弁別できるようになる。
唇の動きや舌の高さや前後の位置とかからわかるんだって。
でも、摩擦音どうしの区別とか、長い発話の中の音の対立とかはまだ。
初期の手がかりはストレス、リズム、イントネーションとかなんだ。
あと、赤ちゃんは、CDS(Child Directed Speech)
という特別な話しかけが好きらしい。
要するに、「赤ちゃん言葉」のことだよ。

😀 赤ちゃんが使う言葉じゃなくて、
大人が赤ちゃんに向かって使う言葉だよね。

👧 うん。

3. 言語音の生成の変化

声道の変化

👶 赤ちゃんの音声知覚が優れていることはわかったよね。
生成も優秀だよ。

🐷 へ〜。

👶 乳児期には母語以外の音も出すことができる。
でも、赤ちゃんの声道って、大人と違うから、この音って決めて、特定の音を出すことは難しい。

🐷 そうなんだ。

👶 大きくなると、意図的に出したり、違う音をつなげることもできるようになる。
赤ちゃんの喉頭の位置はおとなに比べてすごく高い。
喉頭蓋が軟口蓋に接しているほどなんだ。

🐷 おとなとは全然違うんだ。

👶 うん。口腔も狭くて、口の中いっぱいに舌がある感じ。
で、成長するにつれて喉頭が下がって、咽頭の空間が広くなっていく。

🐷 ふ〜ん。

👶 だから乳児期の声道は、喉頭から咽頭までの距離が短い。
あと、鼻咽腔の深さが浅いから、2ヶ月頃まで鼻音化してる。

🐷 へ〜。そういえば赤ちゃんって鼻声だね。

👶 鼻音化しない声が増えるのは軟口蓋と喉頭蓋が離れてからだよ。

この時期、舌は主に前後運動をするよ。
大きくなると徐々に舌が動ける範囲が増え、
いろんな音が出せるようになる。
舌を動かす速度も上がる。
幼児期も大人に比べて舌の速度は遅い。
個々の音を出す時間や、次の音への移動時間もかかる。
だから、構音の正確さも大人ほどじゃない。

🐷 大人になるって大変なんだね〜。

👶 うん。

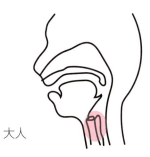
大人

赤ちゃん

チンパンジー

以下の2冊の本を参考に改変作図
Borden, G.J, Harris, K.S: *Speech Science Primer*『ことばの科学入門』（廣瀬肇訳）メディカルリサーチセンター 1984 pp. 265-267
正高信男 1993『0歳児がことばを獲得するとき 行動学からのアプローチ』中公新書

前言語期の発声の発達

👶 意味がある語が出る前にも、様々な発声が観察されるよ。

最初の声は「産声(うぶごえ)」と呼ばれる。

これは、外界の空気を吸って出る生理的な音。

その後、不快や苦痛のとき、緊張は高いけど変化に乏しい「叫喚声(きょうかんせい)」っていうのを出す。

1ヶ月頃、リラックスしたときに出る「非叫喚声(ひきょうかんせい)」が混じる。

非叫喚声が多くなる喃語期(なんごき)があって、有意味語(ゆういみご)が出るようになるんだ。

次は、有意味語が出る前の発声の発達をみていこう。

オラー（Oller）さんという研究者は生後1年間の発声を、

① 発声期
② クーイング期
③ 拡大期
④ 基準喃語期
⑤ 多様化した喃語期

の5段階に分けた。

第1段階：発声期；0～1ヶ月

不快や苦痛の時に反射的に叫喚声を出す時期。

非叫喚声という、緊張が高くない、反射でない声が出ることもある。

声帯振動はしても、口をほとんど開けないから、声道の共鳴が足りない母音みたいな音になる。

咽頭と喉頭の距離が短く、音声は鼻音化してる。

次の段階のクーイングが時々みられる。

第2段階：クーイング期；2～3ヶ月

クーイングは、共鳴が足りない後舌母音と軟口蓋音が一緒に出ること。

軟口蓋音とはちょっと違うけど、似ているからクークー発声とも言う。

声道の共鳴、CV音節のリズムやタイミングは不安定。

舌がよく動き、閉鎖と開放ができるようになる。

第3段階：拡大期；4～6ヶ月

喉頭が下って鼻咽腔と離れ、鼻音化しない声が出る。

発声と構音をコントロールできるようになる。

母音や子音に似た音、高い声、低い声、大きな声、ささやき声、両唇を振動させた音、

呼気－吸気音など、様々な音声が出せる。
この時期の喃語は次に出てくる基準喃語とは違う。
CV音節の規則性はまだない。
各音の出現順序もまだ一定してない。
でも、自分から発声することが増え、1人で「音遊び」をすることもある。

第4段階：基準喃語期；6～8ヶ月
[bababa], [mammammammam] みたいに、大人と同じはっきりとしたCV音節を繰り返す。
これを基準喃語という。
意味はなく、まだことばではないが、親には子どもが話し始めたように見える。
子音は、[p], [b] が多く、[g], [m], [n], [j], [w], [h] もよく見られる。
母音は [ɛ], [e], [a], [ɑ], [ɔ], [ʌ] などが多い。
聴覚障害児の場合、拡大期までは健聴児と同じだけど、基準喃語は出ない。
基準喃語を出すには聴覚的フィードバック、つまり自分の声を自分で聴くことが大切。

第5段階：多様化した喃語期；9～12ヶ月
[babɯ], [bawa] のように、反復するCV音節の子音や母音が違ってくる。
大人に似たピッチ変化やリズムになり、意味はないが、
まるで何かを話しているかのように聞こえる。
この「多様化した喃語」は基準喃語と同じ頃に出現するという報告もある。

一語発話期の構音／音韻の発達

1970年代まで、喃語と初語（はじめて発する意味のある言葉）は関係ないとされてきた。
でも最近は、喃語と初語が音韻的に似ていると言われるようになったんだ。

へ〜。

喃語は初語の後もしばらく続く！
有意味語が50語程度の時期の喃語では、破裂音が最も多く、その次に多いのが鼻音と破擦音。
多くの言語で、子音と母音はCV音節という形で習得される。
つまり、子音（C）と母音（V）を組み合わせた音節という単位でってことだよ。
言語に関係なく、唇音と中舌母音、歯茎音と前舌母音、
軟口蓋音と後舌母音の組み合わせが多い！でも、出現頻度は母語の影響を受ける。

じゃあ、日本語の子音については？

この時期の幼児が出す子音の構音位置は両唇音、歯茎音が多い。
構音方法は破裂音、鼻音、破擦音が多い。
初語期は **C:CV型**（たとえば [ŋ:ma]）の頻度が高く、[m] が多い。
語彙が10語程度の時期に **CVCV型**（たとえば [baba]）が多くなり、

[b], [m], [n], [p] が増す。
30語程度の時期は、**CV:CV型**（たとえば [ko:ko]）が中心。
[k], [c], [t], [m], [b] が多く、構音点が後に移動。
50語程度になると、喃語が減少。個人差が増大する。
そして、語全体のパターンが学習される。
その後、語彙が急激に増えると、徐々に分節音の学習が進み、音韻の生成が再体制化される。

後期の構音 / 音韻の発達

👤 構音の習得のしかたは個人差が大きい。
いつごろ完成するかっていう完成時期が人によって違うだけじゃなくて…
特定の音が初めて出る時期、安定して使用される期間も違うんだ。
9割の子は、5〜6歳頃までに正常構音ができるようになる。
でも、いつごろ初語を言うか、いつごろから単語を組み合わせた文（多語文）を話し始めるか、などは、言語環境等によって個人差が出る。

🔴 つまり、正常範囲には幅ありってことだね。

👤 そう。特定の音のおよその習得年齢や順序はわかっている。
完成時期は子音より母音の方が先！
1、2歳では、5母音がはっきりしないけど、3歳には、明瞭度が80％以上になる。

🔴 けっこう早いね。

👤 母音の獲得順序は、
　　/a/ → /i/, /u/ → /e/, /o/ の順。
　　まず中舌母音が獲得され、あとから前舌母音と後舌母音が分かれる。
　　[a] は比較的早く、1歳代で明瞭度が90％を超える。
幼児の声道の形は大人と違うって、さっき言ったよね。
だから、明瞭度が実用レベルでも、音としてはまったく同じじゃない。
母音が大人と同じになるのは9歳頃なんだ。

幼児の日常会話を1歳1ヶ月から4歳まで観察し続けた研究で、
子音について次の3点がわかっている。

① 早くから出て、早期に完成する音群aと、2歳頃に出て徐々に完成する音群bがある。
　　　音群a：[p], [b], [m], [t], [d], [n], [k], [g], [w], [ɕ], [ʥ]
　　　音群b：[h], [ç], [ɸ], [ɾ], [s], [ʃ], [ts], [dz]
② 音の出現時期、正発率増加などの構音完成の経過は、4歳前は個人差が大きい。
③ 正しい発音は、はじめは時々しかできないが、だんだん正答率が上がり、完成する。
　　　音群bの [ɾ] が初めて出るのは1歳3ヶ月～2歳3ヶ月、完成は2歳～4歳以上。
　　　正発率は急に増えず、上がったり下がったりする。
　　　[s] が初めて出るのは1歳5ヶ月～2歳9ヶ月。完成は3歳～4歳以上。
　　　正発率は [ɾ] と違って完成までだんだん増えていく。
　　　でも、4歳でも [ɾ], [s] が完成しない子もいて、習得経過はかなり違う。

発達の途中の構音の誤り

構音が安定するまで、省略、置換、歪みなどの「**構音の誤り**」がある。
　「**省略**」は、/kami/ を [ami] とするなど、子音や音節の省略。
　「**置換**」は、/sakana/ を [tɕakana] とするなど、他の音に置き換える誤り。
　「**歪み**」は、正しい音に似ていて、正しい構音をしようとしていると推測できる誤り方。

その他、構音の誤りではないけどこんなものもあるよ。
　「**付加**」は、/basu/ を [batɕisɯ] とするなど、余分な音を加えること。
　「**倒置**」は、/erebeHtaH/ を [ebereːtaː] とするなど、音の並べ方の誤り。

「省略」は構音習得初期に出るけど、年齢とともに少なくなる。
構音習得を通して最も多く現れるのは「置換」！
置換の中でも「同化による置換」っていうのがよくある。

たとえばどんな例があるの？

たとえば、/ringo/ が [giŋgo] になったりすること。
これは後の [g] が前の [ɾ] に影響して [ɾ] が [g] に逆行同化しちゃったんだ。

へ～。

「倒置」は、音の順序の入れ替えだから、「**音位転換**」とも言われる。
音節や子音の脱落、同化、音の挿入、音位転換などは音が完成してない時期に出るんだ。
また分節音の誤りは、文脈とは無関係に特定の音に出る。
/s/ を全部 [tɕ] って発音しちゃうとかね。
軟口蓋音の前方化（歯音・歯茎音化）、摩擦音，破擦音等の破裂音化、摩擦音の破擦音化、
などのように、構音位置や構音方法に規則性のある誤りになるんだ。
こういうことは4歳以前にもあるけど、音が確実になると、
かえってこういう規則性のある誤りの出現頻度が高くなる。

正常構音を習得する過程で出てくる誤りは、習得ずみの似ている音への置換、歪みだ。
それらは**幼児音**と言われる。

たとえば [s] を習得するとき、人によって [t] から [s] へ、[tɕ] から [ç] を経て [s] へ、
あるいは、[tɕ] から [ts] を経て [s] へというように獲得される。

完成間近には [θ] に近い歪みが観察されることもある。

また初期には、脱落や [h] への置換がある。

下の表が日本語の習得でよくある置換だよ。

表　子音習得過程に観察される誤り

この音が…	こんなふうに発音される
[s]	[t], [tɕ] → [ç], [tɕ] → [ts], [θ] に近い歪み, [h], 脱落
[dʑ], [z]	[d], [d] → [dʑ], ([ɾ], [j])
[ts]	[t], [tɕ]
[ɾ]	[d], [j] → [d]
[ç]	[tɕ], [tɕ] → [ç] → [s], [t] → [s], [tɕ] → [ts] → [s]
[tɕ]	[t]
[dʑ], [z]	[d], [g]
[k] / [g]	[t], [tɕ] / [d]
[t] / [d]	[k] / [g]
[n], [ɲ]	[ŋ]
[p], [b], [m], [j], [w], [h], [ç], [ɸ]	脱落

4. 構音 / 音韻発達と音韻意識

音節分解・音韻抽出などの**音韻意識**は、仮名文字の習得と関連がある。

音韻意識ってなあに？

母語の音の基本的単位、つまり日本語の場合は「モーラ」を意識できるようになることだよ。
　たとえば、「からす」は「か」と「ら」と「す」の3つからできてるとか。
　そういうことがわかるようになるってことだ。

そっか。

「たぬき言葉」って知ってる？

知らない。何それ？

「た」だけ抜かして言葉を言う遊びだよ。
　たとえば、「あたたかい光」をたぬき言葉で言うと？

え〜と…「あかいひかり」！

そうだね！
　この遊びができるってことは、音韻意識があるってことなんだ。

へ〜。

で、「からす」を「か」と「ら」と「す」の3モーラに分けるのは**音節分解**。

音声学ではモーラと音節は別のものをさすから、ちょっとまぎらわしい呼び名だけどね。

😠 混ざっちゃうよ！！！

👽 そして「からす」の最初のモーラは「か」で最後のモーラは「す」だってわかるのは**音韻抽出**だ。音声学でいう音とは違うから気をつけて！

😠 どこが違うの？

👽 [k]と[a]という個々の音じゃなくて、[ka]いう音のかたまりがわかることだよ。

😠 で、これができないと何か困るの？

👽 う〜ん、そうだな〜あ。
そう！音韻抽出ができないと、しりとりができないんだ。

😠 それは大変だ！じゃあいくよ、音韻抽出の練習問題！はじめは、「り・ん・ご」！

👽 仕方ないなあ、「ご・り・ら」。

😠 「ら・い・お・ん」！おっと負けちゃった。

👽 でも音韻抽出はすばらしく獲得されていることに拍手！

😠 う〜ん。素直に喜んでいいんだか…

👽 でね、4〜5歳頃になると、特殊音素や拗音を除けば、
音節分解・音韻抽出ができるようになる。
でも、音の生成能力と音韻意識の関係についてはあまり知られてない。

😠 へ〜、なんで？

👽 音韻意識がまだはっきりしない3歳代に、
もうほとんどの音が正しく発音できるようになる子もいるからだよ。

😠 じゃあ、音韻意識と構音能力はあんまり関係ないの？

👽 でも、構音が確実にできようになった後は関係あるかもしれないと言われてる。

😠 まだ未知の世界ってこと？

👽 そうなんだ。
3〜5歳児の音声生成と音節分解のこんな実験がある。
構音が確実になる4、5歳児では、
正確な構音と音節分解能力とが関係があるんだって。

😠 そうなんだ。
もしかして、これも今後の研究課題？

👽 そゆこと。

😠 ことばって不思議だね。
いろんなことがわかりそうでわからない！

👽 同感、だからおもしろいんだ。

😠 まあね。

復習テスト

1. 子どもが大人と同じ構音を習得するのは？
   ①3歳くらい　②6歳くらい
2. 乳児の口腔は大人と…
   ①同じ　②違う
3. 喃語は母語と関係ある？
   ①関係ない　②関係ありそう
4. 構音の完成が早いのは？
   ①母音　②子音
5. 日本語の音韻意識とは？
   ①音節の意識　②モーラの意識

まとめ

　小児の言語臨床では成人とは違い、音声の**発達段階**も考える必要がある。つまり子どもの言語音の知覚や**生成**、音韻意識の変化などについて正確な知識を得た上で正常範囲であるか、それとも**障害**であるかを判断することが大切である。

音声学をもっと楽しむために

★入門　★★初級　★★★中級

音声学の教科書

松崎寛, 河野俊之『日本語教育　よくわかる音声』アルク, 2018 ★
　　　日本語教育のための、基本用語説明と練習問題、実践方法からなる。DL 音声あり。
川原繁人『ビジュアル音声学』三省堂, 2018 ★★
　　　図版を多く使い、調音・音響・知覚の 3 分野をしっかり丁寧に説明している本。
加藤 重広, 安藤 智子『基礎から学ぶ 音声学講義』研究社, 2016 ★
　　　音声学の基礎事項をきちんと網羅した教科書。
今泉敏編『音声学・言語学―言語聴覚士のための基礎知識』医学書院, 2009 ★
　　　言語聴覚士の国家試験に必要な内容の概要を知ることができる本。
斎藤純男『日本語音声学入門』(改訂版), 三省堂, 2006 ★
　　　IPA の各音の説明が詳しく、日本語だけでなく世界の IPA 地図を概観できる本。
猪塚元, 猪塚恵美子『日本語音声学のしくみ』研究社, 2003 ★
　　　読みやすく空き時間に気軽に読める音声学入門。
鹿島央『日本語教育をめざす人のための基礎から学ぶ音声学』スリーエーネットワーク, 2002 ★
　　　細かい発音の違いを CD で確認しながら読める本。

音声学一般・読み物

川原繁人『「あ」は「い」より大きい !?―音象徴で学ぶ音声学入門』ひつじ書房, 2017 ★
　　　今までにない新しい音声学の見方を示してくれる本。
ジャクリーヌ・ヴェシエール『音声の科学：音声学入門』白水社, 2016 ★★★
　　　音声学がどのように応用され、どのように広がるかを知ることができる。
川原繁人『音とことばのふしぎな世界――メイド声から英語の達人まで』岩波書店, 2015 ★
　　　身近な話題から音とことばについて楽しく紹介した本。
竹林 滋, 清水あつ子, 斎藤 弘子『初級英語音声学入門』大修館書店, 2013 ★
　　　英語音声学の授業の定番教科書。CD 付。
ベルティル マルンベリ『音声学』(改訂新版) 白水社, 2013 ★
　　　古典的な音声学の本。
松森晶子, 木部暢子, 中井幸比古, 新田哲夫『日本語アクセント入門』三省堂, 2012 ★★
　　　アクセントについて、基礎から様々な方言まで学べる教科書。
Raphael, L. J., G. L. Borden, & K. S. Harris『新ことばの科学入門』第 2 版, 医学書院, 2008 ★★★
　　　ことばの科学としての「音声」の広がりを学べる本。意外とありそうでない貴重な一冊。
英語音声学研究会『大人の英語発音講座』NHK 出版, 2003 ★

　　　　気軽に読め、かつ英語の音声のしくみと発音のこつを教えてくれる。

言語聴覚士関連

「言語聴覚士テキスト　第3版」医歯薬出版，2018 ★★
　　　　音声学だけでなく、言語聴覚士の国家試験のすべての科目の出題範囲を知ることができる。
今村亜子「構音訓練に役立つ　音声表記・音素表記　記号の使い方ハンドブック」共同医書出版社，2016 ★★
　　　　言語障害の臨床での実際の表記例を見ることができる。

日本語の発音教育

国際交流基金，磯村一弘『音声を教える』ひつじ書房，2009 ★
　　　　日本語教師のための音声の教え方の本。付録の MRI 動画が貴重である。
田中真一著，窪薗晴夫著，監修『日本語の発音教室—理論と練習』くろしお出版，1999 ★
　　　　日本語教育のための実用的な本。CD 付。

事典・ガイドブック

NHK 放送文化研究所編『NHK 日本語発音アクセント新辞典』NHK 出版，2016
金田一春彦監修，秋永 一枝編『新明解日本語アクセント辞典 第2版』三省堂，2014
城生佰太郎，福盛貴弘，斎藤純男編『音声学基本事典』勉誠出版，2011
国際音声学会編『国際音声記号ガイドブック—国際音声学会案内』大修館書店，2003

音響学の教科書・音響分析

青木直史『ゼロからはじめる音響学』講談社，2014 ★★
　　　　音響学の授業でのいろいろな工夫が垣間見え、授業に出たくなる本。
中村健太郎『図解雑学 音のしくみ』ナツメ社，2010 ★
　　　　「音」について知る最初の一冊として一番のおすすめ。もはや雑学ではない。
今泉敏『言語聴覚士のための音響学』医歯薬出版，2007 ★★★
　　　　言語聴覚士のための音響学の授業用教科書として書かれた本。
吉田友敬『言語聴覚士の音響学入門』海文堂出版，2005 ★★
　　　　音響学の分かりやすい授業を聞いているような本。付属の CD もとてもよい。
北原真冬，田嶋圭一，田中邦佳『音声学を学ぶ人のための Praat 入門』ひつじ書房，2017
　　　　★★
　　　　音声分析ソフト Praat の使い方を書いた初めての本。

音声学関連サイト

International Phonetic Association : IPA
  https://www.internationalphoneticassociation.org/
上智大学荒井隆行研究室
  http://www.splab.net/index_j.html
WaveSurfer
  www.speech.kth.se/wavesurfer/
Praat www.fon.hum.uva.nl/praat/
声帯振動のビデオ　基礎資料　発声と声帯振動　ファイバースコープを用いた観察
  www.speech-data.jp/phonation/
X線映画「日本語の発音」国立国語研究所
  https://mmsrv.ninjal.ac.jp/x-sen/
国立国語研究所「日本語話し言葉コーパス」
  https://pj.ninjal.ac.jp/corpus_center/csj/
UCL　Software in Speech, Hearing and Phonetic Sciences（Windows用）
  https://www.phon.ucl.ac.uk/resource/software-windows.php
CochSim - Cochlear Simulation
  https://www.phon.ucl.ac.uk/resource/cochsim/
HearLoss - Hearing Loss Demonstrator
  https://www.phon.ucl.ac.uk/resource/hearloss/
SIL IPAのフォント
  https://software.sil.org/products/
  https://scripts.sil.org/cms/scripts/page.php?item_id=encore-ipa
東京外国語大学IPAモジュール
  www.coelang.tufs.ac.jp/ipa/
フランス語の部屋
  http://onsei.net/
  音声学・音響学・聴覚心理学の授業サイト

問題の解答

第2章
p.16　復習テスト第2章
1. ②　2. ②　3. ②　4. ①　5. ②

第3章
p.33　復習テスト第3章
1. ①　2. ②　3. ①　4. ②　5. ②

第4章
p.43　母音の分類のまとめ
①（非円唇）（円唇）　②（狭）（半狭）（半広）（広）　③（前舌）（中舌）（後舌）

p.43　【クイズ】
① [e]　② [o]　③ [ɯ]　④ [ɒ]　⑤ [ʌ]

p.44　【クイズ】
① 円唇・後舌・狭母音　　　　[u]　　⑥ [i]　非円唇・前舌・狭母音
② 非円唇・前舌・半狭母音　　[e]　　⑦ [ɯ]　非円唇・後舌・狭母音
③ 円唇・後舌・半狭母音　　　[o]　　⑧ [ɛ]　非円唇・前舌・半広母音
④ 円唇・前舌・半広母音　　　[œ]　　⑨ [ɔ]　円唇・後舌・半広母音
⑤ 非円唇・前舌・広母音　　　[a]　　⑩ [y]　円唇・前舌・狭母音

p.48　【クイズ】
①　イ [s] [z]　　②　ア [v] [f]　　③　イ [k] [g]

p.48　復習テスト第4章
1. ②　2. ①　3. ②　4. ②　5. ①

p.48　発音記号チェック1
（発音記号で母音を入れる）
1. りんご [ɾiŋgo]
2. ぶどう [bɯdoː]
3. かき [kakʲi]
4. いちじく [itɕidʑikɯ]
5. すいか [sɯika]
6. バナナ [banana]
7. オレンジ [orendʑi]
8. メロン [meroɴ]
9. いちご [itɕigo]
10. ざくろ [dzakɯɾo]

第5章
p.61　【クイズ】
1. ① [t]　無声・歯茎・破裂音　　　　⑥ [k]　無声・軟口蓋・破裂音

② [v]　有声・唇歯・摩擦音　　⑦ [s]　無声・歯茎・摩擦音
③ [ɾ]　有声・歯茎・はじき音　⑧ [ɸ]　無声・両唇・摩擦音
④ [ɕ]　無声・歯茎硬口蓋・摩擦音　⑨ [ʑ]　有声・歯茎硬口蓋・摩擦音
⑤ [h]　無声・声門・摩擦音　　⑩ [z]　有声・歯茎・摩擦音

2. ① [b]　② [k]　③ [s]　④ [d]
3. p.46 の調音の位置の図参照

p.62　復習テスト第5章
1. ①　2. ②　3. ②　4. ②　5. ②

p.62　発音記号チェック2
（破裂音と摩擦音だけ入れる）　4. [kɯma]　8. [ɕika]
1. [panda]　5. [gateo:]　9. [çitsɯdzi]
2. [bɯta]　6. [ɸɯkɯɾo:]　10. [haɾʲinedzɯmʲi]
3. [toɾʲi]　7. [sɯkaŋkɯ]

	両唇	唇歯	歯	歯茎	後部歯茎	そり舌	歯茎硬口蓋	硬口蓋	軟口蓋	口蓋垂	声門
破裂	p b			t d					k g	ʔ	
摩擦	ɸ β	f v	θ ð	s z	ʃ ʒ		ɕ ʑ	ç	x ɣ		h ɦ

第6章

p.76　【クイズ】
① [d]　有声・歯茎・破裂音　　⑥ [tɕ]　無声・歯茎硬口蓋・破擦音
② [l]　有声・歯茎・側面接近音　⑦ [w]　有声・両唇軟口蓋・接近音
③ [s]　無声・歯茎・摩擦音　　⑧ [ŋ]　有声・軟口蓋・鼻音
④ [dz]　有声・歯茎・破擦音　　⑨ [ɲ]　有声・硬口蓋・鼻音
⑤ [ɴ]　有声・口蓋垂・鼻音　　⑩ [j]　有声・硬口蓋・接近音

p.78　発音記号チェック3
1. あるひ [aɾɯçi]　　6. ありがとう [aɾigato:]
2. もりのなか [moɾʲinonaka]　7. おもちゃ [omotɕa]
3. しろい [ɕiɾoi]　　8. おまちなさい [omatɕinasai]
4. おとしもの [otoɕimono]　9. おれいに [ore:ɲi]
5. はなさく [hanasakɯ]　10. かいがら [kaigaɾa]

p.80　発音記号チェック4
1. くまさん [kɯmasaɴ]　6. おほしさま [ohoɕisama]
2. おじょうさん [odʑo:saɴ]　7. かたつむり [katatsɯmɯɾʲi]
3. ちょっと [tɕotto]　8. うちゅう [ɯtɕɯ:]
4. イヤリング [ijaɾʲiŋgɯ]　9. ぞうさん [dzo:saɴ]
5. ちいさな [tɕi:sana]　10. こひつじ [koçitsɯdʑi]

p.81　復習テスト第６章
1. ②　2. ②　3. ②　4. ②　5. ①

p.81　発音記号チェック５
1．にんじん [niɲdziɴ]
2．れんこん [reŋkoɴ]
3．てんどん [tendoɴ]
4．てんさい [te̞ɯsai]
5．ソフトクリーム [soɸɯtokɯɾⁱiːmɯ]
6．ひとなつのこい [çitonatsɯnokoi]
7．たなばた [tanabata]
8．ひこぼし [çikoboɕi]
9．おりひめ [oɾⁱiçime]
10．あまのがわ [amanogawa]

	両唇	唇歯	歯	歯茎	後部歯茎	そり舌	歯茎硬口蓋	硬口蓋	軟口蓋	口蓋垂	声門
鼻	m			n				ɲ	ŋ	ɴ	
破裂	p　b			t　d		ɖ			k　g		ʔ
破擦				ts　dz	tʃ　dʒ		tɕ　dʑ				
摩擦	ɸ　β	f　v	θ　ð	s　z	ʃ　ʒ		ɕ　ʑ	ç	x　ɣ		h　ɦ
接近				ɹ				j	ɯ		
側面接近				l							
弾き				ɾ							
ふるえ				r							

両唇軟口蓋（w）

p.82　【クイズ】
①ひま [çima] / しま [ɕima]　（ b ）
②パス [pasɯ] / バス [basɯ]　（ a ）
③かさ [kasa] / かた [kata]　（ c ）
④きん [kʲiɴ] / ぎん [gʲiɴ]　（ a ）
⑤ゆみ [jɯmʲi] / ゆび [jɯbʲi]　（ c ）

第７章

p.99　復習テスト第７章
1. ①　2. ②　3. ②　4. ①　5. ②

p.100　発音記号チェック６
1．[dʑoɲiɯ̃ɸɯmʲi] じょにんふみ
2．[çiroɲtɕɯpʲɯ] ひろんちゅぴゅ
3．[gʲaɕɯ̃he] ぎゃしゅんへ
4．パンダ [panda]
5．あんぱんまん [ampammaɴ]
6．てんし [te̞ɕi]
7．とんかつ [toŋkatsɯ]
8．かっぱまき [kappamakʲi]
9．チューリップ [tɕɯːɾⁱippɯ]
10．せきせいいんこ [sekʲiseːiŋko]

第8章

p.108　復習テスト第8章
1．①　2．②　3．①　4．②　5．①

p.109　発音記号チェック7
1．[tsɯŋʲaũho] つんぎゃんほ
2．[bʲaɲɲaɕoɴ] びゃんにゃしょん
3．[dzɛ̃sɯ̃ɰ̃wa] ぜんすんわ
4．こんにゃく [koɲɲakɯ]
5．じゃんけん大会 [dzaŋkentaikai]
6．みんみんぜみ [mʲimmʲindzemʲi]
7．どんでんがえし [dondeŋgaeɕi]
8．こもちししゃも [komotɕiɕiɕamo]
9．きゅうりょうび [kʲɯːrʲoːbʲi]
10．たんすちょきん [ta̴ɨsɯtɕokʲiɴ]

第9章

p.117　復習テスト第9章
1．②　2．①　3．②　4．②　5．②

p.117　発音記号チェック8
1．[ɕaĩɕiðaɴ] ちゃんひんあん
2．[pʲɯ̃ɕoːdzokʲo] ぴゅんしょうじょきょ
3．[nimbʲantsɯ] にんびゃんつ
4．ちゃんこなべ [tɕaŋkonabe]
5．筑前煮 [tɕikɯdzeɲɲi]
6．さくらんぼ [sakɯrambo]
7．富士山麓 [ɸɯdzisanrokɯ]
8．給食当番 [kʲɯːɕokɯtoːbaɴ]
9．タンタン麺 [tantammeɴ]
10．マンドリン部 [mandorʲimbɯ]

第10章

p.119　発音記号チェック9
1．写真 [ɕaɕiɴ]
2．飛行機 [çikoːkʲi]
3．キャラメル [kʲaramerɯ]
4．腕時計 [ɯdedokeː]
5．ランドセル [randoserɯ]
6．綱わたり [tsɯnawatarʲi]
7．一番 [itɕibaɴ]
8．おもちゃのマーチ [omotɕanomaːtɕi]
9．電動自転車 [dendoːdzitɛ̃ɕa]
10．旅行会社 [rʲokoːgaiɕa]
11．りんごジュース [rʲiŋgodzɯːsɯ]
12．ヨットレース [jottoreːsɯ]
13．アイドル歌手 [aidorɯkaɕɯ]
14．ペンケース [peŋkeːsɯ]
15．茅ヶ崎市立図書館 [tɕigasakʲiɕiɾʲitsɯtoɕokaɴ]
16．商店 [ɕoːteɴ]
17．グレープフルーツ [gɯreːpɯɸɯrɯːtsɯ]
18．写真機 [ɕaɕiŋkʲi]
19．星空 [hoɕidzora]
20．夕刊 [jɯːkaɴ]
21．自動車 [dzidoːɕa]
22．ニュース [ɲɯːsɯ]
23．昼休み [çirɯjasɯmʲi]
24．一番目 [itɕibamme]
25．銀杏 [gʲinnaɴ]
26．チョコレート [tɕokoreːto]
27．プリクラ [pɯrʲikɯra]
28．てんぷら [tempɯra]
29．たまちゃん [tamatɕaɴ]
30．なつみかん [natsɯmʲikaɴ]
31．いよかん [ijokaɴ]
32．ミュージカル [mʲɯːdzikarɯ]
33．商店街 [ɕoːteŋgai]
34．パソコン入門 [pasokoɲɲɯːmoɴ]
35．人魚姫 [ɲiŋʲoçime]
36．竜宮城 [rʲɯːgɯːdzoː]

p.123　復習テスト第10章

1. ②　2. ②　3. ②　4. ②　5. ①

p.123　発音記号チェック10

1. [ɕaɲtɕɯŋkʲo] しゃんちゅんきょ
2. [rʲuːîçaɪ̃sa] りゅうんひゃんさ
3. [tɕoĩjɯɲdzɪɴ] ちょんゆんじん
4. 祇園まつり [gʲiommatsɯrʲi]
5. 炭酸飲料 [taɪ̃saɪinrʲoː]
6. わんこそば [waŋkosoba]
7. 遊園地 [juːeɲtɕi]
8. 七転び八起き [nanakorobʲijaokʲi]
9. くりきんとん [kɯrʲikʲintoɴ]
10. パン売り場 [paũɯrʲiba]

第11章

p.131　復習テスト第11章

1. ①　2. ②　3. ②　4. ①　5. ②

p.131　発音記号チェック11

1. [çɯũwaɲtɕoɴ] ひゅんわんちょん
2. [ɕoðhanto] しょんはんと
3. [mʲoŋkoĩɕɯɲre] みょんこんしゅんれ
4. 森林浴 [ɕinrʲiĩjokɯ]
5. 恋愛小説 [reðaiɕoːsetsɯ]
6. 観覧車 [kanraĩɕa]
7. 本まぐろ [hommagɯro]
8. 銀座四丁目 [gʲindzajoɲtɕoːme]
9. 新英和辞典 [ɕiēːwadziteɴ]
10. 仙人 [seɲɲiɴ]

第12章

p.135　復習テスト第12章

1. ②　2. ①　3. ①　4. ②　5. ①

p.136　発音記号チェック12

1. [tɕaũoĩjadʑoː] ちゃんおんやじょう
2. [sambʲoũɯɯaɴ] さんびょうあん
3. [çottoŋʲɯɲɲo] ひょっとんぎゅんにょ
4. 忍者屋敷 [niɲdzajaɕikʲi]
5. 親衛隊 [ɕiēːtai]
6. 塩分控えめ [embɯĩçikaeme]
7. 東南アジア [toːnaðadzia]
8. 写真集 [ɕaɕĩɕɯː]
9. うどん屋 [ɯdoĩja]
10. 新古今和歌集 [ɕiŋkokʲiũwakaɕɯː]

第13章

p.141　復習テスト第13章

1. ②　2. ②　3. ②　4. ①　5. ②

p.142　発音記号チェック13

1. [gʲɯĩçɯɲdʑɯɴ] ぎゅんひゅんじゅん
2. [neĩɕočentsɯ] ねんしょんえんつ
3. [bʲoũɯðhammʲo] びょんうんはんみょ
4. 観葉植物 [kaĩjoːɕokɯbɯtsɯ]
5. 新食感 [ɕiĩɕokkaɴ]
6. 金太郎飴 [kʲintaroːame]
7. にんにく [niɲɲikɯ]
8. ちりめんじゃこ [tɕirʲimeɲdzako]
9. 式年遷宮 [ɕikʲineĩseŋɯː]
10. 世界三大料理 [sekaisandairʲoːrʲi]

第 14 章

p.149　復習テスト第 14 章

1. ①　2. ②　3. ②　4. ①　5. ②

p.150　発音記号チェック 14

1. 充電式乾電池 [dzɯːdeɕikʲikandeɲtɕi]
2. 金曜日 [kʲiĩjoːbʲi]
3. 条件反射 [dzoːkeɦaĩɕa]
4. 人生ゲーム [dzĩːseːgeːmɯ]
5. 遠泳 [eẽeː]
6. きんと雲 [kʲintoɯɴ]
7. ぽんたん飴 [bontaɦame]
8. コーンフレーク [koːɰ̃ɸɯreːkɯ]
9. 衆議院議員選挙 [ɕɯːgʲiːŋgʲiːĩseŋkʲo]
10. マンダリンオレンジ [mandaɾʲiɰ̃oreɲdʑi]

第 15 章

p.159　復習テスト第 15 章

1. ①　2. ②　3. ①　4. ②　5. ①

p.160　発音記号チェック 15

1. 神出鬼没 [ɕĩɕɯtsɯkʲibotsɯ]
2. 新大久保界隈 [ɕĩɰ̃oːkɯbokaiwai]
3. 本わさび [hoɰ̃wasabʲi]
4. 金環日食 [kʲiŋkaɲɲiɕɕokɯ]
5. 前衛芸術 [dzẽẽːgeːdzɯtsɯ]
6. 天然記念物 [tenneŋkʲinembɯtsɯ]
7. 翻訳大賞 [hoĩjakɯtaiɕoː]
8. 連絡帳 [renrakɯtɕoː]
9. 三平方の定理 [saẽheːhoːnoteːɾʲi]
10. 二十三半 [ɲidzɯːsaɦaɴ]

第 16 章

p.167　クイズ

①　④

p.169　復習テスト第 16 章

1. ②　2. ②　3. ①　4. ②　5. ①

p.170　発音記号チェック 16

1. 623 円 [roppʲakɯɲidzɯːsaẽɴ]
2. 山陰地方 [saĩɲtɕihoː]
3. 年収三億四千万 [neɕɯːsaɯ̃okɯjoĩsemmaɴ]
4. 山陽本線 [saĩjoːhoĩseɴ]
5. 戦国時代 [seŋgokɯdzidai]
6. 先代藩主 [sendaihaẽɯ]
7. 国会予算案 [kokkaijosaɦaɴ]
8. 新入生歓迎会 [ɕiɲɲɯːseːkaŋgeːkai]
9. ワンマン運転 [wammaɯ̃ɯnteɴ]
10. 温泉旅行 [oĩsenɾʲokoː]

第 17 章

p.176　実験 1

①2 音節　②2 音節　③3 音節

p.179　実験2

おばさん（3音節　4モーラ）[obasaɴ]　　　紅茶（2音節　3モーラ）[koːtɕa]
おばあさん（3音節　5モーラ）[obaːsaɴ]　　チョコレート（4音節　5モーラ）[tɕokoreːto]
りんご（2音節　3モーラ）[rʲiŋgo]　　　　パイナップル（5音節　6モーラ）[painappɯɾɯ]

p.182　復習テスト第17章
1. ①　2. ②　3. ①　4. ②　5. ①

p.182　発音記号チェック17
1．感謝感激 [kaɕɕakaŋgekʲi]
2．関東甲信越 [kantoːkoːɕiɕetsɯ]
3．授業参観日 [dʑɯgʲoːsaŋkambʲi]
4．完熟マンゴージュース
　　　[kandzɯkɯmaŋgoːdʑɯːsɯ]
5．いったんもめん [ittammomeɴ]
6．日本語音声学 [nihoŋgooĩseːgakɯ]
7．シンデレラ城 [ɕindereɾadʑoː]
8．こんぺいとう [kompeːto]
9．鉄腕アトム [tetsɯwaðatomɯ]
10．職人技 [ɕokɯɲiũwaʑa]

第18章

p.199　復習テスト第18章
1. ②　2. ①　3. ②　4. ①　5. ②

p.199　発音記号チェック18
1．ちゃんちゃんこ [tɕantɕaŋko]
2．おしくらまんじゅう [oɕikɯɾamandʑɯː]
3．林間学校 [rʲiŋkaŋgakkoː]
4．向上心 [koːdʑoːɕiɴ]
5．老若男女 [roːɲakɯnaɲɲo]
6．フルーツあんみつ [ɸɯɾɯːtsɯammʲitsɯ]
7．海千山千 [umʲiseĩjamaseɴ]
8．音韻論 [oĩnɾoɴ]
9．両唇音 [rʲoːɕiũoɴ]
10．丹頂鶴 [tantɕoːdzɯɾɯ]

p.200　【クイズ】

さくら	○●	●○○	○●○	●○	○●
ひまわり	○○●	○●○	●○○	○○○	●○○
かたつむり	○●●	●●○	●○●	○●○	●○●
ほうれんそう	●○○○○○	○●●○○○	○○●●○○	○○○●●○	○○○○●●

第19章

p.212　【クイズ】
①大教室　②5階　③パリの　④ちょっと

p.212　復習テスト第19章
1. ①　2. ①　3. ②　4. ②　5. ②

p.212　発音記号チェック19
1．延長戦 [entɕoːseɴ]
2．電信柱 [deɕimbaɕiɾa]
3．平等院鳳凰堂 [bʲoːdoːiũhoːoːdoː]
4．般若の面 [haɲɲanomeɴ]

5．新聞配達 [ɕimbɯ̃haitatsɯ]
6．本郷三丁目 [hoŋgo:saɲtɕo:me]
7．円運動 [eɰ̃ɯndo:]
8．電話相談室 [deɰwaso:daĩɕitsɯ]
9．最新扇風機 [saiɕĩsempɯːkʲi]
10．盆踊り [boɰ̃odorʲi]

第20章

p.222　復習テスト第20章
1．②　2．①　3．②　4．②　5．②

p.222　発音記号チェック20
1．結婚披露宴 [kekkoĩɕiro:eɴ]
2．単純温泉 [taɲdzɯɰ̃oĩseɴ]
3．音楽鑑賞 [oŋgakɯkaĩɕo:]
4．県庁所在地 [keɲtɕo:ɕodzaitɕi]
5．転入生 [teɲɲɯːseː]
6．深夜放送 [ɕĩjaho:so:]
7．感嘆符 [kantaɰ̃ɸɯ]
8．積乱雲 [sekʲiraɰ̃ɯɴ]
9．単位換算表 [taĩikaĩsaɲɕo:]
10．さんま定食 [sammate:ɕokɯ]

第21章

p.226　復習テスト第21章
1．①　2．②　3．②　4．①　5．②

p.226　発音記号チェック21
1．羅針盤 [raɕimbaɴ]
2．新英和辞典 [ɕĩe:wadziteɴ]
3．孫悟空 [soŋgokɯː]
4．標準偏差 [ço:dzɯɰ̃heĩsa]
5．勧進帳 [kaɲdziɲtɕo:]
6．新御茶ノ水 [ɕiɰ̃otɕanomʲidzɯ]
7．日本一 [nihoĩitɕi]
8．バイオリン弾き [baiorʲĩɕikʲi]
9．三寒四温 [saŋkaĩɕioɴ]
10．新人賞候補 [ɕiɲdziĩɕo:ko:ho]

第22章

p.231　復習テスト第22章
1．②　2．②　3．②　4．①　5．①

第23章

p.244　復習テスト第23章
1．②　2．②　3．②　4．①　5．②

索引

あ

IPA 35
アクセント 185
アクセント核 188
アクセント句 204
アクセントの滝 188
頭高型 189
鐙骨 215, 216
アンチフォルマント 138

い

異音 53, 164
息継ぎ 205
位置異音 166
一型アクセント 197
咽頭 17
咽頭音 46
咽頭壁 17
イントネーション 203
イントネーション句 205

う

VOT 129
後舌 17
産声 238

え

A特性 221
f0 106
F特性 221
F1 112
円唇 40
円唇化 156

お

尾高型 189
音 11, 243

音圧 105
音韻意識 233, 242
音韻修復効果 224
音韻抽出 243
音韻論 14
音響音声学 15
音源特性 28
音声 11
音声学 14, 15
音声環境 166
音節 175
音節構造 176
音節リズム 175
音素 14, 163
音素の体系 166

か

開音節 176
外耳 215
外耳道 215, 216
解放 52
蝸牛 216
蝸牛窓 216
ガ行鼻濁音 159
カクテルパーティー効果 223
下降調 207
下唇 17
カタセシス 205
可聴範囲 218

き

気管 17, 24
聞こえ度 173
気導音 225
砧骨 216
起伏式 189, 190
基本周波数 106

逆行同化 153
吸着音 32
叫喚声 238
胸式呼吸 20
強勢アクセント 186
狭帯域分析 116
強調 211
共通語のアクセント規則 187
共鳴音 75

く

句頭の上昇 204
句末のイントネーション 206

け

京阪式 197
言語聴覚障害学 227

こ

構音器官 17
口蓋化 154
口蓋垂 17
口蓋垂音 46
口腔 17
硬口蓋 17
硬口蓋音 46
硬口蓋化 154
甲状軟骨 24
後舌 17
広帯域分析 116
喉頭 17
喉頭蓋 17, 24
喉頭原音 19
後部歯茎音 46
国際音声学協会 35
国際音声学会 35
国際音声記号 35

国際音声字母 35
鼓室 216
骨伝導 224
骨導音 225
鼓膜 216

さ

最小対 167
サウンドスペクトログラム 88, 111

し

歯音 46
耳介 216
歯茎音 46
耳小骨 215
弛唇 40
自然下降 206
舌先 17
自由異音 166
重音節 193
周期 102
周波数 101
自由変異 166
純音 101
順行同化 153
条件異音 166
上歯 17
上歯茎 17
上昇下降調 207
上昇調 207
上唇 17
省略 241
食道発声 33
人工喉頭 28, 30
唇歯音 46
振幅 102, 105

す

ストレスアクセント 186

せ

生成 233
声帯 17
声帯振動数 106
声調 186
声道 17, 237
声道特性 28
声道模型 28
精密表記 42
声門音 46
接近音 47, 54, 74
舌根 17
舌尖 17
舌端 17
前舌 17
前庭窓 216

そ

相補分布 166
阻害音 75
促音 79
側面接近音 72, 74
側面的 72
そり舌音 46

た

第1フォルマント 112
第2フォルマント 112
第3フォルマント 112
第一次基本母音 39
第二次基本母音 39
ダウンステップ 205
高さアクセント 186
卓立 211
単語のアクセント 185, 189
短母音 151

ち

知覚 233
置換 241
地方方言 196
中耳 215

中線的 72
長音 151
調音位置 44
調音音声学 15
調音器官 17
調音方法 44
聴覚音声学 15
聴覚器官 215
聴神経 216
超分節的要素 186
長母音 151

つ

鎚骨 216

と

同化 152
東京式 197
倒置 241
同定 234
等ラウドネス曲線 220
特殊音素 169
特殊拍 178, 193
特殊モーラ 178
ドップラー効果 224

な

内耳 215
中高型 189
喃語 239
軟口蓋 17
軟口蓋音 46
軟口蓋化 155

に

二型アクセント 197
二重母音 158
日本語の音素 168
2モーラフット 181

は

バースト 128
肺 17, 19
肺臓気流 36
拍 177
波形 88
破擦音 65, 71, 74, 88, 141
バズバー 129
波長 102
撥音 79
パラトグラム 120
半子音 74
半母音 74

ひ

非円唇 39
鼻音 54, 68, 69, 137, 141
鼻音化 157
非叫喚声 238
鼻腔 17
ピッチ 88
ピッチアクセント 186
ピッチ曲線 104
非肺臓気流 36
披裂軟骨 24

ふ

フィラー 208
フォルマント周波数 112
フォルマント・ローカス 130
付加 241
腹式呼吸 20
副次調音 154

プロミネンス 211
分節ラベリング 143, 148
分節ラベル 88

へ

閉音節 176
閉鎖音 47, 51
平唇 40
平坦調 207
平板型 189
平板式 189, 190
Hz 101
ベルヌーイ効果 25
弁別 234
弁別的特徴 235

ほ

ボイスバー 129
母音 37, 169
放射特性 28
ポーズ 208

ま

前舌 17
マガーク効果 224
摩擦音 47, 54, 133, 140
摩擦音化 127
マスカー 225
マスキー 226
マスキング 225
マスキング量 226

み

ミニマルペア 167

む

無アクセント方言 197
無核語 189, 195
無気音 129
無声 44
無声音 37, 54
無声化 152

も

モーラ 177
モーラ音素 169
モーラリズム 178, 180

ゆ

有核語 189, 195
有気音 129
有声 44
有声音 37, 54
歪み 241

ら

ラウドネス 220

り

両唇音 46
臨床音声表記 228
輪状軟骨 24

れ

連母音 158

謝辞

　この本は多くの方々のご協力のおかげででき上がりました。次にお名前を挙げる皆様には特に感謝しています。上智大学の荒井隆行先生は第3, 7, 9章の内容について貴重な助言をくださいました。言語聴覚士の大平章子先生は、『標準言語聴覚障害学 発声発語障害学』（医学書院）のうちご自身が書かれた部分を参考にして本書の第22, 23章を書くことを許可してくださいました。東京大学の峯松信明先生とその研究室の皆さんは何度も防音室と録音機器を使わせてくださり、またいろんな「あ」を発音してくださいました。順天堂大学のMatthew Willemsen先生と祝頌燕先生は、それぞれ英語と中国語を録音させてくださいました。ギタリストの片桐勝彦さんはアドリブで素敵な音を奏でてくださいました。

　イラストを描いてくださった岩松奈央子さんは、この本の3人目の著者と言っても良いほどの素晴らしい仕事をしてくださいました。そして、くろしお出版の池上達昭さんは私たち著者のわがままな要求に応えようとギリギリまでがんばってくださいました。

　これらの方々のご尽力のおかげで、初心者にもわかりやすい、役に立つ本ができあがったと思っています。皆様ほんとうにありがとうございました。

竹内京子・木村琢也

［著者］

竹内 京子（たけうち きょうこ）
國學院大學，日本福祉教育専門学校 非常勤講師
東京大学大学院総合文化研究科博士課程満期退学，言語聴覚士
専門は，音声学，音響学，聴覚心理学，フランス語教育

木村 琢也（きむら たくや）
清泉女子大学教授
東京外国語大学大学院外国語学研究科修士課程修了
専門はスペイン語学，音声学

［イラスト］

岩松 奈央子（いわまつ なおこ）
子どもむけのイラストや似顔絵を主に制作。
『パパといっしょにハッピーサイン』（読書工房），『おやこ手話じてん』（東邦出版）の挿絵を担当。

たのしい音声学

著者▶竹内京子・木村琢也
イラスト▶岩松奈央子
©Kyoko TAKEUCHI, Takuya KIMURA, 2019

発行日▶2019年 4月30日　第1刷発行
　　　　2025年 3月30日　第4刷発行

発行人▶岡野秀夫
発行所▶株式会社くろしお出版
　　　　〒102-0084
　　　　東京都千代田区二番町4-3
　　　　Tel. 03-6261-2867　www.9640.jp

印刷所▶藤原印刷　装　丁▶竹内宏和

ISBN▶978-4-87424-788-4 C1081　Printed in Japan